L'EMDR

Dans la même collection

Docteur Christophe Marx

L'EMDR

EYROLLES

Éditions Eyrolles
61, Bd Saint-Germain
75240 Paris Cedex 05
www.editions-eyrolles.com

Illustrations : Hung Ho Thanh
Mise en pages : Istria

© Groupe Eyrolles, 2013

ISBN : 978-2-212-55795-4

SOMMAIRE

INTRODUCTION

EMDR est l'acronyme de *Eyes Movement Desensitization and Reprocessing*, traduit littéralement par « **Désensibilisation**[1]* et **retraitement*** par le mouvement des yeux ». On rencontre aussi la traduction plus libre de « Intégration neuro-émotionnelle par les mouvements oculaires ».

Le point fort de la thérapie EMDR est de viser l'efficacité, soulager les symptômes et permettre de redevenir disponible à l'instant présent, à ce que la vie peut offrir dans l'ici et maintenant, bon ou mauvais.

Ainsi, l'avenir s'ouvre et devient l'à-venir, c'est-à-dire ce qui n'existe pas encore. Le neuf peut enfin émerger et surprendre. La vie sort de sa prison, condamnée qu'elle était à tourner en rond au milieu des **traumatismes*** passés.

Observations scientifiques

Tout cela n'arrive pas par magie : le phénomène s'observe et s'explique.

Les progrès des neurosciences (sciences qui étudient les rapports entre le psychisme et le système nerveux) et surtout de l'imagerie médicale (scanner, IRM, PET scan…) ont permis de mieux comprendre comment les différentes zones du cerveau se répartissent les tâches qui rendent possible notre vie relationnelle : mémoire, émotions, pensées, mouvements…

---

1. Les termes figurant dans le glossaire sont composés en gras et suivis d'un astérisque à leur première occurrence.

On sait depuis longtemps que, en filigrane de notre pensée consciente, notre système nerveux se double de réseaux parallèles qui savent mobiliser notre corps et notre psychisme pour les activer ou les apaiser. Désormais, on peut aussi avoir un catalogue précis du rôle des médiateurs chimiques et des hormones qui baignent nos cellules nerveuses : dopamine, acétylcholine, ocytocine...

Grâce à des progrès récents de la recherche, l'action de l'EMDR peut être observée en direct dans le cerveau : même si le mécanisme intime de son efficacité n'est pas encore complètement démontré avec précision, des hypothèses convaincantes sont élaborées par des chercheurs du monde entier.

Réticences initiales

EMDR : on conviendra qu'il s'agit d'une annonce plutôt complexe et vaguement inquiétante. « Désensibilisation », « reprogramma-tion »... Cela évoque le lavage de cerveau !

Quant aux mouvements des yeux, on se prend à penser que c'est un peu trop simple, éventuellement magique, et des images viennent à l'appui de cette réticence : l'hypnotiseur du XIXe siècle, intimant à son « patient » de suivre des yeux les mouvements du pendule, à la lumière tremblotante d'une bougie : « Dormez, je le veux ! »

Pas très rassurant, tout cela, et en tout cas très peu scientifique.

Et pour expliquer une certaine efficacité, on peut invoquer la suggestibilité, l'effet **placebo***, voire la crédulité : suffirait-il que la personne soit persuadée que cela va marcher pour qu'une amélio-ration se révèle effectivement ?

Les réticences qui ont accueilli l'EMDR sont donc bien compré-hensibles. On comprend qu'on puisse douter d'une approche thérapeutique à l'efficacité étonnante, basée sur une méthodologie aussi peu invasive :

• pas de médicament, fût-il naturel ;

- pas de suggestion extérieure, s'insinuant dans le psychisme à l'insu du patient ;
- pas d'interprétation, traduisant davantage les fantasmes du thérapeute que ceux du patient.

Doutes personnels

Je ne pense pas avoir été une exception : ma première réaction en entendant parler de l'EMDR fut une exaspération méprisante face à ce que j'imaginais être une fantasmagorie de plus dans la recherche de la pierre philosophale de la psychothérapie. Changer le plomb en or ou guérir les souffrances de l'âme en quelques séances, cela relevait pour moi d'une seule et même illusion. Celle qui consiste à court-circuiter le long travail de maturation, obligeant les humains que nous sommes à cheminer pas à pas sur la route de la fortune, du bien-être, ou tout simplement de la résolution de problèmes.

« Ce serait trop facile… » Voilà ce que voulait dire le demi-sourire réprobateur que je montrai à mon interlocuteur, qui ne faisait pourtant que témoigner de son expérience de praticien.

Un traitement différent de l'information reçue par notre cerveau

Je finis cependant par admettre que tout se passe comme si notre réaction à certains traumatismes était stockée dans des réseaux de mémoire. Ces réactions émotionnelles et physiques se répètent comme un disque rayé, indéfiniment. Elles se réactivent quand on rencontre des événements analogues ou évocateurs : les déclencheurs.

Les personnes victimes de traumatisme anticipent l'échec et la souffrance, en projetant dans l'avenir les traces de ce qui n'est « que » dans le passé. Les informations extérieures (les stimulations, intenses et nombreuses) et intérieures (celles que notre corps nous envoie : sensations, pensées, émotions…) ne sont pas traitées de façon adaptée, mais confinées telles quelles dans un endroit particulier de notre cerveau, sans que nous ayons les moyens de repérer qu'il s'agit du passé.

Il va nous falloir traiter l'information de façon adaptative.

C'est une tâche impossible à décider consciemment. Le thérapeute ne sait pas le faire à notre place. Mais notre cerveau sait le faire – à condition qu'on l'aide un peu. Merci à Francine Shapiro d'avoir découvert comment l'aider !

PARTIE 1

LES FONDEMENTS

La thérapie EMDR, pour récente qu'elle soit, bénéficie d'une large reconnaissance internationale. Nous évoquerons dans cette première partie un bref historique. Il s'agira ensuite de décrire les liens avec les autres approches thérapeutiques, faits de similitudes et de différences, l'originalité de l'EMDR résidant justement dans son intégration des points forts venus d'autres approches. Nous détaillerons ensuite la pathologie la plus sûrement susceptible d'être améliorée par l'EMDR, l'état de stress post-traumatique (ESPT), appelé *post traumatic stress disorder* (PTSD) par la nomenclature internationale anglophone. On peut désormais soulager cette blessure longtemps méconnue, invisible et parfois interminable que subissent ceux qui ont été si bouleversés qu'ils en restent depuis profondément traumatisés.

CHAPITRE 1

HISTOIRE ET LIENS AVEC LES AUTRES MÉTHODES THÉRAPEUTIQUES

Au programme

- La découverte
- Francine Shapiro
- Développement de l'EMDR
- Liens avec les autres méthodes thérapeutiques

La découverte

Francine Shapiro est une jeune Américaine qui s'intéresse autant à la science qu'à la littérature. Un triste jour de 1979, les médecins diagnostiquent chez elle un cancer. Elle suit les traitements recommandés mais redoute, à juste titre, la probabilité d'une récidive.

Mai 1987 : Francine Shapiro, comme elle le raconte elle-même, se promène dans un parc. De sombres pensées l'assaillent. Elle s'assoit sur un banc et reste un long moment, le regard dans le vague, à suivre des yeux les oiseaux qui virevoltent au-dessus d'un petit lac. (Ou étaient-ce des écureuils jouant dans les branches ?) Quand elle se lève et reprend sa promenade, elle constate qu'elle se sent beaucoup mieux, plus légère. Elle voit la situation de façon plus optimiste.

Un détail qui compte

Elle aurait pu se contenter de profiter de cette aubaine et de se réjouir de l'amélioration de son humeur, sans autre forme de question, imputer son bien-être revenu au calme du lieu, à la beauté du paysage, et conclure qu'il y avait dans ce parc de « bonnes ondes cosmiques » !

Au contraire, Francine Shapiro s'est souvenue d'un détail : elle a suivi des yeux les oiseaux qui tournaient. Elle a donc balayé l'endroit du regard alternativement, de droite à gauche, et sans bouger la tête, comme quelqu'un qui assiste à un match de tennis, mais plus régulièrement et plus calmement.

Ces analogies, elle ne les réalisera que plus tard. Pour le moment, elle se précipite chez un ami.

« Pense à quelque chose qui te préoccupe », lui dit-elle.

Puis elle lui demande de suivre le mouvement de ses doigts qu'elle déplace de droite à gauche devant son visage. L'ami s'exécute, un peu intrigué. Au bout de quelques instants, il s'exclame :

« C'est incroyable, je me sens mieux, tout à coup ! Ce qui me paraissait un problème terrible a cessé de me peser ! »

Le processus était lancé : il suffisait de le confirmer, de l'étoffer (on s'aperçut plus tard que ce n'était quand même pas si simple…), de l'appliquer à d'autres personnes et d'autres situations, dans différentes cultures…

Parallèle scientifique : les REM

Ces mouvements latéraux des globes oculaires sont analogues à ceux qui surviennent durant la phase de sommeil paradoxal, les **REM*** *(Rapid eyes movement)*, « mouvements rapides des yeux », qui sont alternatifs ou aléatoires. C'est au début des années 1950 que des chercheurs, Nathaniel Kleitman, Eugene Aserinsky et John Birtwell aux États-Unis, Michel Jouvet en France, identifièrent des cycles de sommeil qui se répètent au cours de la nuit.

Un cycle est précédé d'une période d'éveil calme, plus ou moins longue, qui prépare à l'endormissement et comporte plusieurs phases. L'une de ces phases, qui dure de 15 à 20 minutes, montre à l'électroencéphalogramme une activité électrique intense, proche de l'éveil – d'où son nom de sommeil « paradoxal ».

Vraisemblablement associé à des rêves, ce sommeil si particulier se repère à une atonie musculaire, une respiration et un rythme cardiaque irréguliers, une congestion des organes pelviens avec parfois une érection, voire une éjaculation. D'autres manifestations peuvent se produire, comme la disparition momentanée de l'olfaction : le dormeur en phase paradoxale n'est pas sensible aux odeurs !

Une zone particulière du cerveau, l'hippocampe, dont le rôle est déterminant dans la mémorisation, est plus excitée que durant l'éveil. Les chercheurs conviennent qu'il est très probable que le dormeur retraite durant ce sommeil paradoxal les événements survenus dans la journée.

Francine Shapiro

Francine Shapiro décroche à l'université de Brooklyn (New York) plusieurs diplômes en littérature anglaise : sa licence en 1968, sa maîtrise en 1974. C'est durant cette année, alors qu'elle enseigne l'anglais, qu'elle décide de participer à un programme d'étude de la psychologie dans la littérature anglaise à l'université de New York.

Elle va même s'exercer à l'art de la critique littéraire et publie des articles dans le *Library Journal* et plusieurs encyclopédies. Elle participe aussi à l'édition d'un ouvrage consacré aux poèmes de Thomas Hardy. En 1979, alors qu'elle s'apprête à passer sa thèse, on diagnostique chez elle un cancer. C'est alors que son intérêt se porte vers les effets du stress sur le système immunitaire et qu'elle se penche sur les travaux de Norman Cousins, un journaliste américain qui a consacré sa vie à des études cliniques sur l'importance de l'état psychique dans les maladies.

Recherche pratique

Elle se rend compte que, malgré l'abondance de théories sur ces sujets, peu de connaissances pratiques sont disponibles pour aider les patients à prévenir et à guérir ces maladies. Elle décide de rechercher quelles procédures existent, même si elles sont considérées comme d'avant-garde.

Durant quelques années, elle participe à nombre d'ateliers et de colloques sur la réduction du stress, l'auto-amélioration de la santé mentale ou physique. Elle décide de suivre les cours de l'École professionnelle d'études psychologiques (un établissement non universitaire, à l'époque autorisé dans l'État de Californie pour former à la psychologie).

Sa découverte de l'impact des mouvements oculaires en 1987 et le développement ultérieur des procédures pour les utiliser en pratique clinique deviennent la base d'une étude scientifique avec des sujets souffrant de traumatisme. Cette étude alimentera son sujet de thèse de doctorat en psychologie, en 1988, thèse publiée dans le *Journal of Traumatic Studies* puis dans le *Journal of Behavior Therapy and Experimental Psychiatry*.

Elle consacre depuis lors sa vie à la recherche et au développement de l'EMDR.

Son engagement

Francine Shapiro s'intéresse à toutes les ressources psychologiques et physiologiques que l'on peut mettre au service des malades. Elle est chercheuse au Mental Research Institute de Palo Alto et formée à de nombreuses approches thérapeutiques capables d'aider à retrouver la santé.

Comme fondatrice de l'EMDR, Francine Shapiro a reçu nombre de récompenses scientifiques. Ainsi, en 2002, elle obtint le prix Sigmund-Freud de l'université de Vienne, décerné par l'Association mondiale de psychothérapie, qui récompense les chercheurs pour leurs mérites exceptionnels dans le développement international de la psychothérapie. Elle a également été récompensée par le prix de l'Association américaine de psychotraumatologie pour sa contribution au traitement des psychotraumatismes, et par le prix de l'Association californienne de psychologie pour la qualité de ses réalisations psychologiques.

Francine Shapiro a aussi fondé une organisation humanitaire, HAP (Humanitarian Assistance Program), qui, à l'instar de Médecins sans frontières, constitue un réseau de praticiens parcourant le monde afin d'aider à diminuer la souffrance psychique des victimes de traumatismes et de violences.

Développement de l'EMDR

Les premières années de la méthode ont développé l'EMD : la désensibilisation par les mouvements oculaires. Le « R » de *Reprocessing* (« Reprogrammation ») n'est venu que plus tard, lorsqu'il est apparu que l'on pouvait ensuite l'appliquer aux capacités cérébrales de reconstruction et de réparation psychiques.

En 1989, une première étude contrôlée fut publiée dans le *Journal of Traumatic Stress* à propos de 22 sujets victimes de viols ou d'agressions ainsi que de vétérans de la guerre du Vietnam. (Le premier et le plus vaste champ d'application de l'EMDR fut celui des vétérans du Vietnam. La guerre était finie, mais les traumatismes restaient vifs chez les anciens soldats.) Cette étude permit de prouver l'efficacité de l'EMDR par rapport aux critères de définition de l'état de stress post-traumatique (**ESPT***) : le groupe traité montrait une désensibilisation prononcée de son niveau d'anxiété, ainsi qu'une forte amélioration de l'estime de soi. Ces effets positifs furent conservés au fil du temps.

Une théorie largement reconnue

La thérapie EMDR s'est imposée en quelques années comme le mode de traitement psychothérapeutique de l'état de stress post-traumatique confirmé par le plus grand nombre d'études. Les publications d'études contrôlées sur le traitement de cette affection sont plus nombreuses que pour tout autre type d'intervention clinique. L'EMDR est une thérapie désormais utilisée à l'échelle mondiale.

Elle est reconnue en France pour le soin du syndrome de stress post-traumatique en 2004 par l'INSERM, en 2008 par la Haute Autorité de santé, aux côtés des thérapies comportementales et cognitives et en 2012 par l'OMS, l'organisation mondiale de la santé.

Applications et responsabilités multiples

Nombreux sont ceux qui peuvent bénéficier de cette immense découverte : tous les blessés, dans leur corps ou dans leur cœur, et les victimes de catastrophes individuelles ou collectives.

Et ce n'est pas la moindre tâche des institutions d'EMDR que de faire connaître cette méthode ; elles ont également pour tâche de se porter garantes de la qualité de la formation et de la pratique.

Les préoccupations éthiques sont au premier plan de leurs actions, comme le montre le Code de déontologie qu'elles demandent à leurs membres de respecter.

La simplicité de certains exercices semble les mettre à la portée de tout un chacun. Néanmoins, il est nécessaire de se convaincre que la lecture de leur description dans des ouvrages sur l'EMDR n'équivaut pas à une solide formation, telle qu'elle est proposée par les instituts de formation à la thérapie EMDR, reconnus et validés par les associations internationales d'EMDR. Se présenter comme praticien EMDR sans avoir été accrédité fait courir de grands risques aux personnes venues se confier, et représente en outre une escroquerie pénalement répréhensible. La thérapie EMDR ne doit être pratiquée que par des praticiens accrédités.

Liens avec les autres méthodes thérapeutiques

L'EMDR n'est pas sans lien avec les autres approches thérapeutiques. Il est d'ailleurs recommandé aux praticiens certifiés EMDR de ne pas renier ni renoncer à leur cadre de référence théorique habituel.

La thérapie EMDR présente des similitudes avec d'autres façons de voir ou de faire. Elle intègre les acquis les meilleurs et les plus efficaces des différentes théories et pratiques thérapeutiques. Son originalité réside dans l'addition de la dimension neurophysiologique et de la confiance mise en la capacité d'autoguérison de la personne. Cette approche humaniste dynamise la richesse de la relation thérapeute-patient.

Nous présentons ici les grandes lignes de chaque approche, à l'aide d'un exemple type, et précisons leurs points communs avec la thérapie EMDR.

La psychanalyse

Comme en psychanalyse, le praticien EMDR tiendra pour vrai que le passé existe encore dans le présent, et il accordera de la valeur à l'association libre de ce qui « passe par la tête » : pensées, images, émotions, sensations… Mais la psychanalyse n'insiste pas forcément sur le concept de traumatisme.

Il semble que Freud lui-même ait mis à distance le concept de traumatisme réel, préférant insister sur des mécanismes psychiques internes, propres à chaque personne.

La phobie de Juliette

Juliette est très handicapée dans sa vie professionnelle par sa phobie du train. Elle doit en effet souvent se déplacer sur de longues distances et est obligée de prendre sa voiture, au prix d'une grande fatigue. Mais monter dans un train est au-dessus de ses forces : l'angoisse lui serre la poitrine dès qu'elle s'approche de la gare.

Un psychanalyste interprétera ce symptôme comme une façon de recouvrir des peurs sous-jacentes ou des conflits inconscients. Il l'encouragera à décrire précisément ce qui la panique, si elle a déjà ressenti des sentiments analogues vis-à-vis de ses parents durant son enfance. Manque-t-elle de confiance en elle ou a-t-elle un sentiment d'impuissance ? Sa peur du train a-t-elle un rapport avec un sentiment d'insécurité qu'elle ressent depuis toujours ? Serait-elle en colère contre ses parents de ne pas l'avoir assez protégée ?

Le traitement consistera à identifier les conflits intérieurs, à les interpréter et à mettre des mots dessus afin que le thérapeute puisse découvrir le sens de cette peur au sein de la relation thérapeutique. La verbalisation permettra de travailler avec le transfert (transposition inconsciente des sentiments de l'enfance à la relation présente). Juliette comprendra mieux le sens de son problème, deviendra plus lucide sur ses relations à ses parents et à son thérapeute. Elle découvrira comment son expérience actuelle est reliée à son passé.

Tout cela se fera dans une relation thérapeutique attentive, bienveillante, sécurisée qui favorisera son introspection. À l'occasion de cette compréhension en profondeur, Juliette pourra trouver des options pour dominer sa peur.

Comme la psychanalyse, l'EMDR intègre le fait que le passé existe encore dans le présent. Stockés dans une zone de notre cerveau, parfois en dehors de notre conscience, des événements, des messages, des croyances continuent de nous parler de nous. Donner la parole à ces parties enfouies de nous allégera le poids que nous portons.

L'analyse transactionnelle

Fondée dans les années 1960 par un psychiatre américain, Eric Berne, l'analyse transactionnelle s'enracine dans plusieurs traditions :

- psychanalytique, qui affirme que le sujet advient peu à peu, dans son langage et sa parole. De plus, il doit lutter sa vie durant contre la pulsion inconsciente de répéter un « scénario », dont on peut souhaiter qu'il ne soit pas trop dramatique ;
- cognitive et comportementale, en prétendant que nos pensées et croyances influent sur notre vie et que l'on peut changer en « agissant » sur nos pensées, ou changer nos pensées en modifiant notre comportement ;
- corporelle, en s'intéressant aux symptômes physiques : douleurs, blocages... ;
- émotionnelle, en professant que rien d'essentiel ne peut se passer pour un être humain si ses émotions sont dévalorisées, refoulées ou distordues ;
- humaniste, faite d'un *a priori* de confiance dans ce que l'être humain recèle de positif, et auquel on peut toujours avoir recours.

Juliette et l'analyse transactionnelle

En allant voir un analyste transactionnel, Juliette sera encouragée à repérer plusieurs parts en elle. Elle découvrira que son Moi se présente sous la forme de trois états : un Parent, un Adulte et un Enfant. Ces états du Moi prennent la forme d'un ensemble cohérent de pensées et d'émotions, correspondant à des comportements particuliers. Juliette repérera en elle des croyances en rapport avec son scénario de vie, sur elle, sur les autres, sur la situation. Elle verra que, parfois, elle substitue une émotion à une autre, dût-elle extorquer inconsciemment de l'attention à son entourage. Elle mettra en place des changements de comportements, de croyances et d'émotions qui lui permettront de sortir de son scénario d'échec et de potentialiser les ressources dont elle a besoin pour dépasser sa phobie.

Comme l'analyse transactionnelle, l'EMDR travaille avec différentes parties de notre Moi et n'hésite pas à les faire dialoguer.

La thérapie EMDR accorde une grande place aux croyances négatives ancrées au tréfonds de nos parties les plus intimes. Elle repère le conditionnement qui nous fait, par exemple, remplacer une émotion (interdite d'expression dans l'enfance) par une autre (admise par notre entourage de l'époque). Elle part également du principe que ces adaptations à l'environnement sont inscrites au cœur du système nerveux central.

Le concept transactionnel de « l'élastique à décrocher » est celui qui se rapproche le plus de la thérapie EMDR. Ce concept a été mis en évidence par David Kupfer et Morris Haimowitz, deux analystes transactionnels américains (1971). Ils définissent cet « élastique » comme suit :

Parfois, un aspect d'une situation actuelle suscite une réponse du patient qui paraît déplacée ou disproportionnée. Bien souvent, une telle indication est nette : le sentiment est « archaïque ». Un élastique (un retour en arrière) fait qu'un ancien sentiment, familier pendant l'enfance, est exprimé ici et maintenant.

In *Actualités en analyse transactionnelle*,
n °1, janvier 1977

La thérapie cognitive et comportementale (TCC)

Elle a pour principe de permettre au sujet de dominer l'angoisse ressentie au moment du traumatisme. Face à l'immersion provoquée dans le souvenir traumatique, la réalité du fait qu'on est désormais en sécurité s'impose peu à peu. La pensée accompagne l'émergence d'images et d'émotions plus tolérables, voire agréables.

Juliette et la TTC

Juliette sera ici invitée à repenser à la scène qui la bouleverse. En s'exposant ainsi, mentalement, voire réellement, à ce qu'elle croit être un danger, elle pourra progressivement s'y habituer et dédramatiser, d'autant qu'elle sera accompagnée de façon empathique.

Elle fera le point sur l'importance inconsciente de ses croyances négatives (« Je suis en danger ») et sur la capacité qu'elle a de décider d'en changer (« Je suis en sécurité »).

Juliette sera également aidée dans l'évaluation subjective de ce qu'elle ressent, en répondant à quelques questions qui la situeront sur des échelles de gravité. Ces questionnaires d'évaluation auront été eux-mêmes évalués au préalable pour étalonner leur validité, de façon à rendre fiable leur reproductibilité.

L'EMDR, pour sa part, accompagne la reviviscence du traumatisme tout en stimulant le système parasympathique (apaisant). La mémoire dysfonctionnelle est ainsi retraitée beaucoup plus vite, et sans nécessité d'une **exposition*** ou de « devoirs à la maison » : les abandons de traitements sont du coup nettement moins fréquents.

La programmation neuro-linguistique (PNL)

La PNL a été créée en 1975 par Richard Bandler et John Grinder.

Les praticiens de PNL sont attentifs à canaliser les manifestations émotionnelles trop importantes et savent utiliser les ressources de la **dissociation*** thérapeutique (se regarder en train d'agir), voire de la double dissociation thérapeutique (se regarder en train de se regarder agir).

Juliette et la PNL

En PNL, Juliette sera invitée à regarder la scène de son arrivée sur le quai de la gare, comme si elle était devant un écran de télévision. On lui demandera de décrire ce qu'elle voit sur l'écran, et quelle croyance lui vient à l'esprit. Puis le thérapeute proposera à Juliette de s'observer en train de regarder l'écran : que ressent-elle à ce moment ? Comment son corps lui signale-t-il qu'il s'apaise ?

Le thérapeute, en observant l'endroit où le regard de Juliette se porte, en écoutant les mots qu'elle emploie, saura s'il vaut mieux utiliser un canal visuel (« Je vois ce que vous voulez dire »), auditif (« Comment cela résonne-t-il pour vous ? ») ou kinesthésique (« Maintenant, vous pouvez prendre en main la situation »).

Cette méthode se fonde sur des éléments qui sont repris par l'EMDR :

- l'ancrage : association d'une sensation physique avec une pensée ou une émotion ;
- l'importance donnée à la définition d'un objectif ;
- le travail sur les croyances (qu'on appelle aussi « cognitions », terme plus neutre qui évoque moins le sens restrictif de « conviction religieuse » ou « pensée illusoire »).

La PNL s'intéresse au mouvement spontané des yeux pour s'approcher du diagnostic, alors que l'EMDR induit délibérément ces mouvements dans un but thérapeutique.

L'hypnose

L'EMDR reconnaît dans sa pratique certains éléments de l'hypnose ericksonienne. Créée par le docteur Milton Erickson en s'appuyant sur les travaux effectués par le médecin français Jean-Martin Charcot dans les années 1900 à La Salpêtrière, elle met en avant les états de conscience modifiés, la notion de suggestion, la capacité du sujet à résoudre lui-même son problème, ainsi que les techniques d'imagerie guidée (le thérapeute indique précisément au patient quelle image il peut faire naître dans son imagination).

Juliette et l'hypnose

Juliette, une fois relaxée, sera amenée à laisser son esprit errer où bon lui semble. Dans un état de confiance, elle pourra donner de l'importance à la voix douce du thérapeute qui lui suggère : « Maintenant qu'une partie de vous sait que vous ne risquez rien dans un train, cette partie ne risque rien à en convaincre l'autre partie de vous, qui sait qu'il est important de se protéger. Et vous ressentez déjà le bien-être qui est le vôtre à pouvoir déplacer librement votre diaphragme quand vous respirez profondément, comme vous le faites maintenant, et comme vous pourrez vous déplacer vous-même où bon vous semblera, par tout moyen à votre convenance... »

Comme l'hypnose, l'EMDR met en complémentarité des protocoles précis, où des questions spécifiques sont posées à des moments calibrés, avec la relation thérapeutique qui, même dans une apparente neutralité, recèle tous les ingrédients d'une alliance et d'une rencontre.

La Gestalt et la méditation

Initiée par Fritz Perls, la Gestalt-thérapie insiste sur la valeur de l'ici et maintenant, sur la relation à l'autre et à soi-même, à la conscience de tous les *stimuli* internes et externes. Elle reconnaît la valeur de l'émotion, la sienne propre et l'attention donnée à celle des autres.

Quant à la méditation de pleine conscience, elle mobilise les zones cérébrales les plus attentives à l'instant présent, dans ses plus infimes détails.

Juliette et la Gestalt

Juliette sera ici invitée à repérer en elle la palette de toutes ses émotions : elle ressent certes de la peur à l'idée de monter dans un train, mais la tristesse n'est peut-être pas si loin.

Et si, en plus, elle était en colère contre tous ceux qui veulent la forcer à y monter ?

Est-elle sûre de n'avoir en elle aucune exaltation cachée ou coupable à l'image d'une locomotive, intrusive et puissante, « pénétrant » son imagination ?

Et que se passe-t-il en elle après qu'elle a, pendant dix minutes, concentré son mental sur la sensation de l'air caressant ses narines à chaque respiration, frais à l'inspiration, plus chaud à l'expiration ?

Et a-t-elle remarqué le léger sifflement provoqué par l'air qui entre et sort de son nez ?

Comme dans ces approches, l'EMDR valorise la conscience de ce qui se passe dans le présent. L'exploration du passé – et sa guérison – prend son sens à partir du présent. Lorsque l'on descend en rappel au fond de la crevasse pour soigner l'enfant traumatisé qui gît au fond, il est important que la corde soit solidement attachée en surface. C'est cet arrimage au présent, au lien thérapeutique, à la force de la réalité actuelle, qui constitue cet ancrage salvateur.

CHAPITRE 2

L'ÉTAT DE STRESS POST-TRAUMATIQUE

Au programme

- Définition et origine de l'ESPT
- Symptômes
- Conséquences psychiques
- Types de traumatisme

Définition

L'état, ou trouble, de stress post-traumatique (ESPT) (en anglais : *Post Traumatic Stress Disorder*, PTSD) est la principale et, historiquement, la première indication de la thérapie EMDR.

Il concerne les personnes ayant fait l'expérience ou ayant été témoins de traumatismes mentaux et/ou physiques inhabituels ou graves. C'est une forme de trouble anxieux sévère qui fait suite à un événement particulièrement traumatisant sur le plan psychologique (attentat, bombardement, accident grave, catastrophe, violence physique, viol…).

Le syndrome de stress post-traumatique (SSPT) désigne une réaction psychologique à ce type d'événement traumatique (tout type de confrontation à la mort, à une menace de mort ou de blessures graves, à une menace de son intégrité physique ou de celle d'autrui…). Il peut être perçu comme une réaction normale de l'être humain face à une situation anormale. Il est en effet normal de se sentir effrayé, désemparé, évitant, voire paralysé – certains animaux font « le mort » face à un danger !

Le traumatisme psychique est porteur d'une composante énergétique d'effraction des défenses psychiques et d'une confrontation brutale et soudaine avec le réel de mort. Étymologiquement, il signifie « blessure avec effraction ». C'est donc une véritable effraction à l'intérieur de l'appareil psychique du sujet.

Origine

Le neurologue allemand Herman Oppenheim aurait été le premier, en 1889, à utiliser le terme de « névrose traumatique » pour décrire la symptomatologie présentée par des accidentés de la construction du chemin de fer.

L'ESPT a été en premier lieu associé aux vétérans militaires des guerres de 1914-1918, puis de Corée, du Vietnam, du Golfe et d'Afghanistan. Ainsi, on a pu observer que beaucoup de « poilus » de la Grande Guerre, suite aux intenses bombardements et à la barbarie des affrontements, ont présenté des ESPT. Ils ont alors parfois été dégradés, humiliés ou même fusillés pour désertion, incivisme…

L'expression « trouble de stress post-traumatique » s'est construite à partir de symptômes observés suite à des accidents technologiques ou industriels. Après les deux guerres mondiales, la psychiatrie militaire s'est emparée de l'expression, qui a ensuite été reprise par les pacifistes et féministes des années 1960-1970 pour expliquer les problèmes liés aux violences familiales et sociales.

Les traumatismes résultant des violences civiles, familiales et sexuelles ont contribué à faire progresser les recherches pour aboutir à l'inscription de l'ESPT au *Manuel diagnostique et statistique des troubles mentaux* (*Diagnostic and Statistical Manual of Mental Disorders*, DSM) en 1980 et à la *Classification internationale des maladies* (CIM) en 1992.

Symptômes

Les symptômes sont disparates. Ils peuvent débuter dans les trois mois qui suivent un événement traumatisant ou n'apparaître que des années plus tard. La symptomatologie se présente sous forme de :

- reviviscences, qui sont des souvenirs intrusifs, des rêves récurrents, des flash-back (pensées intrusives et envahissantes) associés à des manifestations physiologiques. La personne peut aussi faire des rêves récurrents et avoir l'impression de constamment revivre le traumatisme ;
- symptômes d'éveil se manifestant par des difficultés de sommeil, de l'irritabilité, des troubles de la concentration et de l'hypervigilance. Ceux-ci occupent tout le champ de sa conscience ;
- symptômes d'évitement pouvant concerner des pensées, des sentiments, des conversations, des activités, des personnes, des lieux, des objets en lien plus ou moins direct avec l'événement traumatisant.

Manifestations variées

Le syndrome de répétition s'impose à l'individu, le forçant à revivre l'événement à l'identique dans ce qu'il a de violent et de traumatisant.

Ces **répétitions**, spontanées ou déclenchées par un élément, évoquent une facette ou un détail de la scène initiale. La victime d'un incendie ne supportera pas la couleur rouge, par exemple, qui lui rappelle la couleur du brasier et du véhicule des pompiers.

Le syndrome de répétition traumatique se manifeste également par des **flash-back récurrents,** véritables visions diurnes, pensées intrusives surprenant et envahissant le psychisme. La personne traumatisée souffre aussi de **ruminations mentales,** comme si toute sa pensée tentait d'expulser ou de digérer un corps étranger.

La nuit, le sommeil est émaillé de **cauchemars de répétition** : la personne revit avec terreur l'horreur de son expérience, au point de redouter le moment du coucher. Il peut lui arriver de lutter contre le sommeil, aggravant d'autant son état d'épuisement et de détresse psychique.

La réactualisation imaginaire de la scène reprend indéfiniment vie dans le présent en dehors de la volonté de la personne.

Des images, des bruits, des odeurs peuvent aller jusqu'à entraîner une hallucination (l'odeur de brûlé dans les incendies, le bruit du choc de la carrosserie dans l'accident, l'image du visage cagoulé du braqueur).

On peut observer également des manifestations d'angoisse témoignant d'un bouleversement physique proche de celui vécu au moment du traumatisme : sueurs, tremblements, accélération du rythme respiratoire et cardiaque…

Stratégies protectrices

Pour limiter les épisodes de reviviscence, **la personne évite les** *stimuli* **déclencheurs.** Tout ce qui rappelle directement ou indirectement le traumatisme est mis à part : situations, personnes, lieux…

La personne aménage des **stratégies (adaptations post-traumatiques)** pour trouver la protection, compensatrice de son extrême sentiment de vulnérabilité, en **aménageant sa vie quotidienne,** par exemple en **limitant ses trajets et ses sorties, en développant une excessive méfiance** ou **d'interminables vérifications inutiles.**

Chez l'enfant

Il est à remarquer que les enfants victimes de traumatismes psychiques peuvent présenter un ralentissement ou une régression dans leur développement psychologique, voire physique, avec arrêt de la croissance.

La **répétition chez l'enfant** est repérée à travers la **remise en acte de la scène** ou d'une partie de la scène traumatique : jeux et dessins à thématique répétitive, mais aussi troubles du comportement évoquant certains éléments du traumatisme.

Conséquences psychiques

Tous ces symptômes peuvent se traduire par une incapacité à se souvenir, un désintéressement, un détachement affectif, une incapacité à penser et à se projeter dans l'avenir. La personne fait des efforts pour éviter de penser à l'événement et de rencontrer les endroits et les activités liés au traumatisme. S'installe alors une intense détresse psychique. La personne touchée oublie des pans du trauma, le décrit autrement qu'il s'est réellement passé, se détache d'autrui. Elle vit une perte de sens et a l'impression que son avenir est limité.

Manifestation précoce

Quand les signes apparaissent très rapidement, ils prennent le plus couramment la forme de l'angoisse. Celle-ci peut se manifester par trois réactions :

- *une agitation désordonnée* plus ou moins intense et durable associée à un flot de paroles, des cris, ou même des hurlements ;

- *une inhibition de la pensée, des mouvements,* avec pâleur, sueur, errance pouvant conduire à un retour automatique chez soi, troubles de l'attention, de la mémoire et de la concentration ;
- *des manifestations psychosomatiques* avec paralysies, troubles senso-riels, aphonie, ulcères gastroduodénaux, diabète, accès d'hyperten-sion artérielle, crises d'asthme, manifestations dermatologiques...

Mais une réaction précoce au traumatisme peut aussi se manifester par une dépression ou même une maladie psychiatrique, comme une bouffée délirante aiguë, un état confusionnel, un épisode maniaque ou mélancolique.

Ces manifestations précoces ont des répercussions psychologiques : sentiment de honte (sentiment d'être abandonné par le monde des hommes), de culpabilité (sensation pénible d'avoir survécu quand d'autres ont péri), d'insécurité (la mort est une pensée omnipré-sente)...

Sur le long terme

L'affection peut devenir chronique : certes, l'anxiété diminue, mais elle fait place à un abattement, à la dépression (présente chez 60 % des victimes), à des troubles sexuels et à une somatisation des symptômes.

Au moins deux ans après l'événement, peuvent se manifester des troubles anxieux avec des attaques de panique, des phobies surtout sociales (restriction des activités de loisir).

Surgissent aussi des modifications de la personnalité, avec un nouveau rapport au monde et à soi et une nouvelle manière de percevoir, ressentir, penser, aimer, vouloir et agir. Certaines victimes présentent des troubles de la conduite liés à des abus d'alcool et de tranquillisants (benzodiazépines) pris pour calmer leur anxiété.

Les comportements peuvent devenir impulsifs (changements brusques d'emploi, de résidence, de mode de vie). La mémoire perd de son efficacité, les émotions se font versatiles, instables. Les tentatives de suicide ne sont pas rares, et souvent réussies.

On observe aussi, mais plus rarement, des troubles psychotiques, avec l'entrée dans une schizophrénie ou une psychose paranoïde.

Types de traumatisme

Lorsque la personne a subi un traumatisme unique, on parle de traumatisme simple. Attention ! Ici, le mot « simple » peut désigner un événement terrible : les victimes d'un tsunami ont subi un traumatisme simple...

Lorsque le traumatisme s'est étalé dans le temps, on parle de traumatisme complexe. On imagine sans peine que le traitement sera dans ce cas plus prolongé et délicat à mettre en place.

Le traumatisme se situe parfois dans le contexte global d'un environnement toxique (maltraitance, microtraumatismes quotidiens...). Le plan thérapeutique devra ici tenir compte des multiples contraintes au sein desquelles la personnalité du patient cherche à survivre.

D'où viennent les traumatismes ?

Les circonstances de survenue du traumatisme peuvent se classer en quatre catégories :

• *Les agressions* : agressions physiques et verbales, menaces et/ou blessures avec arme, agressions sexuelles (viol, tentative de viol).

• *Les catastrophes naturelles* : tremblements de terre, avalanches, inondations.

• *Les accidents graves* : accidents de la circulation, crash d'avion, accidents industriels (explosion, incendie, effondrement...).

• *Les faits de guerre ou assimilés* : guerres, attentats terroristes, prises d'otages.

L'affection devient chronique chez un tiers des sujets et peut durer parfois plusieurs années. Dans deux tiers des cas, il existe une association avec la dépression, une addiction, des attaques de panique, une phobie sociale (évitement des rapports avec les autres) ou des manifestations somatiques.

L'ESPT constitue la cause de suicide la plus fréquente chez les jeunes adultes, les réfugiés et les militaires.

CHAPITRE 3

LE CERVEAU ET LE RETRAITEMENT DES INFORMATIONS

Au programme

- Souvenirs et réactions, la puissance des automatismes
- Des dysfonctionnements que l'on peut corriger
- Quelques exemples

Souvenirs et réactions

Automatismes

Si vous entendez ces simples mots, « pomme de reinette », notez ce qui vous vient tout de suite à l'esprit. On peut parier qu'il s'agit de : « et pomme d'api ! »

Pour toute personne de culture francophone, cela jaillit comme un réflexe, comme si les réponses mentales étaient analogues à des réactions physiques. Notre cerveau est programmé pour répondre de la même manière que le reste de notre corps. Homme ou femme, jeune ou vieux, quand le tendon sous notre rotule est frappé d'une certaine façon, notre jambe se soulève. « Pomme de reinette... » Cela fait peut-être des dizaines d'années que vous n'avez pas entendu cette comptine, mais la suite a tout de même surgi automatiquement.

Ce type de réponse automatique peut être extrêmement utile, nous permettant de ne pas repartir de zéro à chaque fois. Toutefois, cela peut également nous jouer de mauvais tours. Votre cerveau a produit, sans la moindre réflexion, la « suite logique » « … et pomme d'api ». Mais savez-vous ce qu'est exactement une reinette ? Et une pomme d'api ? Y aurait-il un rapport avec une certaine *apple* des Anglo-Saxons ? Vous n'avez certes aucune raison d'être mal à l'aise à cause de cette phrase, même si vous n'en saisissez pas très bien le sens, mais il est des domaines dans lesquels ce type de réponse automatique peut nous catapulter dans l'angoisse, la dépression, ou même déclencher des maladies physiques.

Faire la distinction

Certains apprentissages de notre enfance sont authentiques et aidants, et il est difficile de faire la différence avec les croyances et les illusions !

- Si je suis rejeté ou harcelé par mes camarades, ai-je raison de penser que c'est parce que je leur suis inférieur ?
- Et si mes parents divorcent, qui va me convaincre que ce n'est pas de ma faute ?

Ainsi, de nombreux événements peuvent avoir des conséquences qui surgissent automatiquement dans le psychisme, tout au long de la vie, et en dehors de tout contrôle conscient.

« Apprendre » quelque chose consiste à le stocker physiquement dans un réseau de cellules nerveuses appelées neurones. Cela explique pourquoi on peut se croire laid sans la moindre raison, alors même que les autres nous trouvent plutôt attirant, se sentir déprimé, alors que n'importe qui à notre place serait heureux et détendu, ou se rendre malade de tristesse lorsque quelqu'un nous quitte, alors que nous savons parfaitement que cette personne n'est pas positive pour nous et que poursuivre cette relation serait une grosse erreur !

La plupart de ces réactions négatives ne « servent » à rien, sauf à supporter des situations insupportables dans le passé. Dans le présent, elles ne font qu'empoisonner notre vie.

Il est important toutefois de ne pas les confondre avec des émotions fortes et naturelles qui peuvent au contraire nous aider à dépasser des épreuves, comme dans le processus de deuil.

Quand les réactions négatives et les comportements inadéquats du présent peuvent être rapportés à des souvenirs d'événements du passé, on dit que ces souvenirs n'ont pas été retraités, c'est-à-dire qu'ils sont stockés dans le cerveau, avec leur cortège d'émotions, de sensations physiques et de croyances expérimentées plus tôt dans notre vie.

Francine Shapiro in *Get Past Your Past*

L'histoire de Violette

Violette, vingt-neuf ans, est une jeune femme heureuse : son travail de fleuriste la comble et son mari est aux petits soins pour elle. Hélas, chaque fois qu'il envisage la perspective d'avoir un enfant, elle se ferme, ne veut même pas en entendre parler. Violette voit bien que cela se passe différemment chez la plupart de ses amies : c'est en général l'homme qui retarde le moment de concevoir l'enfant.

Comment expliquer sa réaction ? Dès que son compagnon aborde le sujet, elle sent une angoisse monter en elle sans raison ; elle a la nausée et ses jambes tremblent.

Violette finit par admettre qu'elle est terrorisée à la perspective d'être enceinte. Quand elle s'imagine avec un bébé dans les bras, tout va bien. Non, décidément c'est la grossesse qui la menace.

Violette retrouve un souvenir qui remonte à ses six ans.

Sa mère, enceinte de quatre mois d'un « petit frère », est terrassée par une hémorragie. Le père affolé appelle les pompiers, Violette est confiée à une voisine quasi inconnue, car la famille venait de déménager. Ce n'est que plusieurs jours plus tard que Violette put être rassurée, retrouver sa mère saine et sauve. Cette dernière ne retomba jamais enceinte, sans que Violette n'ait su si c'était pour des raisons psychologiques ou si des dégâts physiques avaient diminué ses capacités procréatives. Toujours est-il que Violette avait associé le fait d'être enceinte avec une menace de mort.

Ce souvenir, stocké dans son cerveau en même temps que la peur intense qu'elle avait alors ressentie, était réactivé chaque fois qu'il était question de démarrer une grossesse. Dans ce cas-là, elle ne fonctionnait pas comme une jeune femme de vingt-neuf ans intelligente et mature, mais comme une petite fille de six ans qui se pense abandonnée. Inconsciemment, elle associe « je suis enceinte » à « je suis en danger ».

Sa réaction, à la fois physique et psychologique, est une réponse automatique, comme si on appuyait sur la détente d'une arme – comme « pomme de reinette » provoque « et pomme d'api » !

Nous faisons tous les jours ce type de connexions. Cela contribue à donner du sens au monde qui nous entoure. Mais identifier ces connexions ne suffit pas à changer ce que nous faisons, ressentons ou pensons.

Faire appel à un professionnel

Une fois identifié le souvenir à la base d'un problème personnel ou relationnel, on peut passer en revue ce qu'il est possible de faire par soi-même pour obtenir un soulagement rapide.

Si le problème subsiste, il faut alors finir par reconnaître le moment éventuel où le recours à un professionnel dûment accrédité sera nécessaire. Ce sera le cas si surviennent des symptômes physiques, de souffrance psychique, d'agressivité, de perte du lien affectif avec les autres, de dépression...

Des dysfonctionnements que l'on peut corriger

Nos réactions, pour irrationnelles qu'elles apparaissent, s'expliquent ainsi : elles proviennent d'une partie de notre cerveau qui n'est pas gouvernée par la raison. C'est pourquoi nous pouvons :

- nous voir, avec stupéfaction, faire quelque chose qu'on regrettera à coup sûr ;
- nous laisser entraîner par des personnes peu recommandables ;

- nous sentir blessé par des gens pour qui nous n'avons pourtant aucun respect ;
- invectiver quelqu'un que nous aimons pourtant tendrement ;
- nous sentir impuissant ou déprimé devant une situation pourtant banale.

Tout cela est certes irrationnel, mais explicable. Et surtout, il est possible d'intervenir pour corriger ces dysfonctionnements.

Des causes souvent invisibles

Il n'y a pas de séparation claire entre divers événements qui peuvent provoquer des symptômes analogues : ainsi, un cambriolage peut être vécu comme un viol.

Chacun de nous est susceptible de ressentir sans aucune raison apparente de l'anxiété, de l'angoisse, de l'irritation, ou du rejet. Parfois, ces émotions sont en relation avec la situation actuelle, et il est possible alors d'y penser calmement et d'aller chercher les informations nécessaires pour résoudre le problème.

Pour certains, les sentiments négatifs disparaissent d'eux-mêmes, mais souvent, ces affects négatifs subsistent sans raison visible. Ce symptôme se manifeste car nous n'avons pas pu installer l'événement comme un souvenir, à sa place dans le passé.

Notre cerveau, coupé entre sa partie émotionnelle et sa partie rationnelle, ne peut élaborer de pensée claire. L'**aire de Broca***, celle qui nous permet de parler, n'est pas non plus fonctionnelle : on ne peut « trouver les mots »…

Le retraitement des souvenirs

Pourtant, ces informations peuvent être identifiées et traitées afin que l'on puisse ensuite se les approprier comme expérience de vie. Le sentiment négatif, la croyance ou le comportement problématique ne sont pas la cause de la souffrance, mais uniquement un symptôme.

Nos souvenirs sont à la base de nos symptômes négatifs tout autant que de notre santé mentale. La différence tient à la façon dont ils sont stockés dans le cerveau. S'ils restent « non retraités », ils provoquent une réaction ou une « surréaction » qui peut nous blesser, ou faire du mal à nos proches. Dès que ces souvenirs sont retraités, nous pouvons réagir de façon adéquate vis-à-vis de nous-mêmes et de ceux que nous aimons.

Le corps humain fonctionne grâce à de nombreux systèmes : loco-moteur, excréteur, reproducteur, immunitaire… Notre cerveau, qui est, ne l'oublions pas, une partie de notre corps, est capable de mettre en œuvre un mécanisme de **traitement adaptatif de l'information***. Ce processus peut réduire l'agitation émotionnelle à un niveau suffisamment bas pour que l'on devienne apte à gérer une situation difficile.

Notre psychisme a donc la capacité de sélectionner les informations les plus utiles pour nous aider à faire face au mieux et à survivre. Selon Francine Shapiro, ce traitement adaptatif de l'information est un processus psychique qui contribue à faire des connexions avec ce qui est utile, et à laisser filer le reste.

Quelques exemples

« La nuit porte conseil »

Imaginez que vous venez d'avoir un conflit avec votre conjoint. Vous ressentez peut-être une tension dans la nuque, une boule dans le ventre, des tremblements dans les mains. Parallèlement se manifestent toutes sortes d'émotions mêlées : tristesse, peur, colère, jalousie, culpabilité…

Vous pouvez également avoir des pensées négatives contre l'autre, ou contre vous-même. En général, ces pensées commencent par l'adverbe « décidément… » :

- décidément, je ne peux pas faire ce que je veux ;
- décidément, il/elle n'est pas à la hauteur de ce que j'attendais ;
- décidément, ma mère avait raison de désapprouver ce mariage.

Même si vous savez que vous ne passerez pas à l'acte, des idées de vengeance peuvent aussi vous traverser la tête !

Et bizarrement, le lendemain, vous ne vous sentirez finalement pas si mal que cela, même si votre nuit a été agitée de cauchemars. Tout se passe comme si vous aviez « digéré » cette affaire, et que vous y voyiez plus clair.

Le cerveau au travail

En fait, votre cerveau a bel et bien retraité l'information de l'expérience perturbante et vous a permis d'apprendre quelque chose, de mettre en perspective ce qui est essentiel par rapport à ce qui est accessoire.

Une bonne partie du phénomène s'est vraisemblablement déroulée durant votre sommeil, alors que vos yeux, derrière vos paupières fermées, oscillaient rapidement de droite à gauche durant quelques minutes (les REM, *rapid eye movement* ou « mouvements rapides des yeux », voir chapitre 1).

Votre cerveau, après avoir traité sans interruption les informations concernant le conflit conjugal, a fini par faire la jonction entre le souvenir de « l'engueulade » et d'autres informations plus utiles qu'il contenait déjà, par exemple des explications musclées que vous avez déjà eues avec cette personne ou avec d'autres. Vous êtes désormais capable de vous dire : « Oh ! Ça fait plusieurs fois que ça se passe comme cela, ce n'est pas un drame, après tout ! Et puis, ce défaut peut aussi être vu comme une qualité, finalement ! »

À l'instant où cette pensée s'accroche au souvenir du conflit, votre regard sur lui a changé. Vous pouvez apprendre de l'épisode ce qu'il est utile de garder, et votre cerveau se débarrassera de ce qui ne l'est pas. Les sentiments négatifs et égoïstes sont devenus inadéquats : ils ont disparu, mais ce que vous deviez apprendre de l'événement persiste, et peut vous guider avantageusement pour l'avenir.

Vous voyez mieux ce qu'il y a à faire : parler à votre conjoint sans l'intensité émotionnelle qui vous troublait encore la veille.

Dysfonctionnement

Le cerveau débordé

Hélas, certains événements très perturbants peuvent submerger les capacités du système. Dans ce cas, l'intensité émotionnelle et les perturbations physiques bloquent les connexions nécessaires à une résolution du problème.

En effet, l'énergie psychique, absorbée par la nécessité de faire face, n'est plus disponible pour créer des associations créatives de solutions d'apaisement. Au lieu de cela, la situation est stockée dans le cerveau exactement dans le même état qu'au début. Les images, ce que vous avez vu et ressenti, vos pensées, tout cela a été encodé dans votre mémoire dans sa forme originale, sans la moindre modification.

Et en retrouvant votre conjoint le lendemain, au lieu de pouvoir commencer une discussion calme, vous sentez la colère ou la peur fondre sur vous comme un aigle. Vous pouvez essayer de maintenir cela à distance, mais dès que la personne en question apparaît, votre désarroi augmente immédiatement.

Quand ces mauvaises réactions refusent de laisser la place, c'est souvent parce qu'elles sont encore reliées à la mémoire d'un passé non retraité. Vous est-il déjà arrivé de trouver d'emblée quelqu'un antipathique, alors que vous ne le connaissiez pas et veniez de le rencontrer ? C'est sans aucun doute qu'un indice à peine perceptible émanant de votre interlocuteur vous fait penser à quelqu'un qui, un jour, vous a porté préjudice.

Des souvenirs « intraitables »

Prenons un autre exemple, celui d'une femme qui a été violée. Des années après, la voilà au lit avec son amant, un homme doux et attentionné. Il suffit qu'il la touche d'une certaine façon pour que son corps et ses émotions répondent automatiquement. La terreur, le sentiment d'impuissance qu'elle a ressentis durant le viol viennent la submerger.

Si le système du traitement adaptatif de l'information n'a pas fonctionné convenablement après l'attaque, un geste vaguement similaire à celui du violeur peut accrocher un réseau de mémoire et déclencher, comme la détente d'un pistolet, les émotions et les sensations physiques stockées dans cette mémoire non retraitée.

L'événement a été engrangé isolément, sans rapport avec les réseaux plus globaux de la mémoire. Il ne peut pas changer, car il ne peut pas se mettre en lien avec quoi que ce soit de plus utile ou adapté.

Voilà pourquoi le temps ne guérit pas toujours les blessures. Durant des années, on peut continuer de ressentir de la colère, de la douleur, de la rancœur, du chagrin... Comme congelés dans le temps, ces souvenirs non retraités peuvent alimenter la source de problèmes émotionnels, voire physiques.

De plus, notre cerveau a du mal à repérer ce qui est « réel », et notre imagination peut nous jouer des tours !

Le psychisme et le corps fonctionnent ensemble. Voici un petit exercice destiné à le démontrer.

Exercice

Qu'est-ce qui est « réel » ?

Installez-vous confortablement et fermez les yeux ; respirez tranquillement. Imaginez maintenant qu'on vous mette délicatement dans la bouche une cacahuète non décortiquée. Mais n'imaginez pas que vous la croquez : la coque exploserait sous votre palais en répandant dans votre bouche un nuage de miettes désagréables.

Vous avez donc en bouche une cacahuète virtuelle.

La main vous met ensuite une autre cacahuète qui vient prendre sa place à côté de la première. Les coques rugueuses ont déjà asséché toute votre salive. Une troisième cacahuète est maintenant poussée à côté des premières : il n'y a plus de place ! Pas d'autre solution que de la caser entre la joue et la gencive.

Ce stratagème va marcher pour la suivante, qui s'installera tout naturellement de l'autre côté.

Quand la cinquième cacahuète se présente, il lui restera une petite place devant, vaguement retenue par vos lèvres serrées.

Et voilà qu'arrive dans votre bouche une sixième cacahuète : allez-vous tout recracher ? Protester contre cette intolérable intrusion dans votre corps ?

Ou bien aviez-vous déjà tout recraché depuis la première cacahuète ?

PARTIE 2

L'EMDR,
COMMENT ÇA MARCHE ?

Cette deuxième partie va nous permettre d'entrer plus directement dans le vif du sujet : nous verrons que la thérapie EMDR s'adresse au fonctionnement cérébral et à la manière dont la mémoire reste figée autour de l'événement traumatisant. Après avoir détaillé le principe du traitement adaptatif de l'information (TAI) qui fonde la base théorique de la thérapie EMDR, il sera exposé le déroulement d'une séance type avec les stimulations bilatérales alternées (SBA) qui peuvent être visuelles, auditives ou tactiles, dans le cadre d'un protocole précis au sein d'une relation thérapeutique fiable. Enfin, plusieurs histoires de patients illustreront comment la thérapie EMDR a pu les soulager, voire les guérir. La variété des situations évoquées confirme la promesse de la pertinence de l'EMDR pour des indications plus larges que l'ESPT.

CHAPITRE 4

LE TAI, TRAITEMENT ADAPTATIF DE L'INFORMATION

Au programme

- Les trois étages du cerveau
- Relancer le traitement de l'information
- Quelques histoires métaphoriques
- Rôle de l'EMDR

L'accident

Henri est commercial et passe sa vie sur les routes. Il conduit bien, sur route sèche ou mouillée, même glacée, mais a déjà eu à faire face à de nombreuses situations un peu « limites », comme le jour où sa voiture est partie en aquaplaning, ou qu'une moto a surgi devant lui sans crier gare. Bien qu'« émotionné », il a gardé sa lucidité, a continué d'analyser la situation, restant conscient de ses émotions (sa peur, bien sûr, mais aussi la colère contre les mauvais conducteurs ou le piètre état de la route…).

Il a, à chaque fois, traité d'une manière adaptée les informations que son cerveau recevait : il a continué de penser, de ressentir et d'agir de façon à se protéger, à gérer son stress, à rester en relation avec les autres et le monde qui l'entoure.

Trop-plein

Mais un jour, Henri a été submergé par un flot de stimulations qui se sont révélées ingérables.

L'accident contre la voiture qui arrivait en face était inévitable : il a entendu le gros « boum », et quand il a rouvert les yeux, après quelques secondes, il s'est vu complètement coincé dans l'enchevêtrement des tôles tordues. Sa clavicule cassée lui faisait horriblement mal, et parallèlement, il avait à gérer une grande quantité d'informations menaçantes.

Henri n'a pas pu les traiter au fur et à mesure comme il le fait d'habitude. Son cerveau a stocké la totalité de l'événement, sans le fractionner en sous-aspects comme il l'aurait fait pour un événement moins grave.

Par exemple, il aurait pu :
- penser : « Il faut que je prévienne ma femme que je serai en retard ! » ;
- ressentir de la peur (d'avoir été en danger), de la joie (de ne pas être gravement blessé), de la colère (contre l'imprudence du conducteur responsable) ;
- agir de façon adéquate : glisser la main dans sa poche pour attraper son téléphone, appeler les secours, couper le contact…

Mais non : Henri a mis dans sa mémoire l'événement global, comme s'il l'avait « avalé tout rond ». Il n'a pas traité l'information de façon adaptative.

Il aura besoin qu'on l'aide à opérer un traitement adaptatif de cette information : le TAI. C'est le processus sur lequel repose l'EMDR.

Utilité de l'expérience

Tous les êtres humains disposent la plupart du temps du moyen de trouver une solution adaptée et pertinente aux problèmes auxquels ils sont confrontés. Notre survie tient d'ailleurs à la qualité de ce processus physiologique.

Au quotidien

Dans une situation habituelle, sans menace, les différentes expériences que nous faisons tous les jours nous permettent d'améliorer sans cesse notre adaptation à notre environnement. Nous mettons en mémoire ce que ces expériences nous apprennent d'utile, et ces souvenirs stockés orienteront plus tard nos choix et nos décisions. Une nouvelle expérience se présente-t-elle à nous ? Elle est aussitôt associée à un « réseau de mémoire », créé à l'occasion d'expériences similaires, ce qui nous permettra de lui donner un sens.

Henri, par exemple, constate souvent que les autres conduisent mal. Il se dit : « On devrait enseigner le Code de la route dès la maternelle », ou bien : « J'ai raison d'être prudent pour deux », ou même : « Il faut que je vérifie si j'ai payé ma prime d'assurance », toutes sortes de pensées et de croyances qui soutiennent le regard qu'il a sur la vie… et sur la circulation automobile.

Circonstances exceptionnelles

Cependant, parfois, nous sommes confrontés à des événements très perturbants. Certains sont spectaculaires et attirent la compassion (tsunami, viol, accident de voiture…), mais d'autres peuvent passer inaperçus et néanmoins faire de gros dégâts intérieurs (humiliations, sentiment d'impuissance ou de grande injustice…).

Dans une telle situation, le traitement de l'information se bloque, et une série de conséquences graves se met en place : stress post-traumatique bien sûr, mais aussi anxiété, dépression, troubles alimentaires, insomnies, addictions, maladies psychosomatiques…

Le traumatisme vécu a empêché le cerveau d'opérer convenablement le traitement adaptatif de l'information. À partir de là, l'événement, qui appartient bien sûr au passé mais qui n'a pas été traité ou dépassé, sera réactivé par des situations nouvelles douloureusement vécues.

Ainsi, Henri, après son accident, risque de mettre des mois ou des années à pouvoir remonter dans une voiture en se sentant aussi détendu et insouciant qu'il l'était avant. Involontairement, il réactivera le traumatisme chaque fois qu'il ouvrira la portière de sa voiture.

Mémoire dysfonctionnelle

Que se passe-t-il alors dans le cerveau d'Henri ?

Certains neurophysiologistes envisagent l'hypothèse que les événements perturbants que nous avons vécus sont engrangés de manière anormale, dans une mémoire qu'on appelle dysfonctionelle. Notre cerveau ne peut ni les « digérer » ni les ranger tranquillement dans la chronologie de notre autobiographie.

Incapables d'être transformés en souvenirs – c'est-à-dire identifiés comme appartenant au passé –, ces événements envahissent notre présent. Malgré nos efforts pour les repousser, nous serons submergés par des cauchemars, des flash-back (comme au cinéma, où une scène ancienne est montrée comme intacte dans le présent)…

Notre psychisme peut également souffrir du poids de ces scènes enkystées, et nous risquons de limiter considérablement notre vie en voulant éviter tout ce qui risque de déclencher la douleur initiale.

Henri aura sans doute du mal à raconter le déroulement de l'accident : l'aspect narratif ne sera pas disponible. Cependant, son corps s'en souviendra bien plus sûrement que son esprit : des sensations désagréables, des mouvements incontrôlables se manifesteront, des émotions inadéquates viendront envahir son psychisme.

Il peut même arriver que certaines personnes oublient le souvenir de l'événement et en gardent uniquement la trace dans cette mémoire anormale.

Les trois étages du cerveau

Paul D. Mac Lean et Henri Laborit, deux chercheurs en neurosciences, ont développé dans les années 1980 l'idée que le cerveau humain fonctionnait avec trois étages, hiérarchisés et largement interconnectés.

Le premier, dit « reptilien », s'occupe de la survie immédiate : boire, manger, se reproduire, fuir devant le danger...

Le deuxième étage, dit « limbique », prend en charge la dimension affective. Il sait mémoriser ce qui est agréable ou désagréable, effrayant ou joyeux. Nos actions sont orientées par ces souvenirs émotionnels stockés dans le cerveau limbique.

On connaît mieux désormais ce deuxième étage limbique du cerveau : les chercheurs ont mis en évidence plusieurs zones identifiables, dont deux jouent un rôle particulièrement décisif dans la gestion de nos émotions.

L'amygdale cérébrale

Située à l'avant du lobe temporal, elle est dédiée au décodage des émotions, et en particulier des *stimuli* menaçants pour l'organisme.

Il est étonnant de remarquer que l'évolution a regroupé dans l'amygdale plusieurs circuits du système d'alarme, qu'ils proviennent de notre conscience ou de zones plus intuitives par un trajet plus direct (passant par le thalamus). L'amygdale recèle notre aptitude à ressentir et exprimer la peur, et à adopter les comportements réflexes en rapport. Elle est parfaitement active dès la naissance et facilite la mémoire émotionnelle.

Il peut arriver qu'elle reste activée en permanence : tout se passe alors comme si on n'était pas capable d'éteindre son amygdale, en ressentant l'impression de vivre un combat permanent. À l'inverse, l'action de l'amygdale peut être gelée ; la personne concernée restera à distance de ses propres émotions.

On peut imaginer la métaphore suivante : l'amygdale agirait comme le « détecteur de fumée » du cerveau, provoquant une sensibilité aux moindres éléments rappelant un événement traumatisant ; le risque de fausse alerte est alors majoré...

En cas de fausse alerte déclenchée par des stimulations liées au traumatisme, l'amygdale sonne l'alarme. L'activation sympathique (voir p. 29) augmente, la pensée claire s'obscurcit, l'aire de Broca (celle qui permet d'articuler des mots) s'éteint. Nous réagissons comme si nous étions en danger, souvent sans nous apercevoir qu'il n'y a en fait dans le présent aucun danger immédiat.

La peur est bien au centre de l'état de stress post-traumatique, et sa gestion ne peut être intellectuelle et logique. Personne n'a jamais été rassuré par l'injonction « N'aie pas peur ! ».

Le rôle de l'hyperactivité amygdalienne au cours de l'état de stress post-traumatique corrélée avec la sévérité des symptômes a été mis en évidence par de nombreuses études.

L'hippocampe

L'amygdale reçoit aussi de nombreuses connexions d'une autre structure du **système limbique*** : l'hippocampe, ainsi nommé car sa forme anatomique rappelle celle de l'animal marin.

Son rôle est de permettre la remémoration des souvenirs explicites et de consolider ces souvenirs de façon non verbale, pour pouvoir ensuite les encoder sous forme de récit. Ses nombreuses connexions à l'amygdale expliquent qu'une émotion puisse être déclenchée par un souvenir particulier.

En cas de danger, l'hippocampe est inhibé. Les données « brutes » restent alors non traitées, mais sont encodées dans l'amygdale en tant qu'enregistrement de l'événement : les sensations, les émotions, les comportements réflexes s'y déposent, intacts.

Nos souvenirs sont dits « épisodiques » quand ils concernent des événements précis, des instants uniques en rapport avec un contexte précis et bien localisés dans le temps et l'espace. Cette mémoire épisodique est sous-tendue par l'hippocampe, tant dans son acquisition que dans sa remémoration.

Le cortex associatif

Le troisième étage du cerveau est habité par le **cortex associatif**[*] qui sait associer les voies nerveuses sous-jacentes ayant gardé la trace des expériences passées. Mais ce cortex peut créer une pensée, un imaginaire, qui va habiller et reconstruire le souvenir. Ainsi, dans une situation donnée, on pourra décider d'agir en fonction de la mémoire qu'on a de l'événement (réussite ou échec antérieurs). Par exemple, on agira sans crainte si l'on pense que l'on va être récompensé, ou avec angoisse si l'on anticipe un échec ou un risque de danger.

L'EMDR permet de reconsidérer l'événement traumatisant grâce à toutes les ressources du cortex associatif.

Relancer le traitement de l'information

Comment remettre en route le système d'un traitement adapté de l'information ? C'est ici que l'EMDR intervient.

Tout se passe comme si l'EMDR remettait en lien le réseau de mémoire ayant enkysté le souvenir traumatique avec d'autres réseaux de mémoire, positifs ceux-là, c'est-à-dire des expériences au cours desquelles la personne a bien réagi, auxquelles elle a pu donner du sens tout en gardant une bonne estime d'elle-même.

Autoguérison

Il semble que l'on puisse s'appuyer sur le pouvoir d'autoguérison du psychisme, analogue à celui du corps.

Lorsque l'on se coupe, le chirurgien pose des points de suture pour rapprocher les bords de la plaie. Mais vue à l'échelle microscopique, l'intervention du chirurgien est un travail finalement assez grossier, qui ne fait que « rabouter » grossièrement. La vraie guérison, la cicatrisation proprement dite, c'est le corps qui la fournit de lui-même. Les points de suture n'auront fait que favoriser un processus naturel et spontané.

On observe une situation analogue avec l'EMDR : on fait confiance à ce pouvoir de « cicatrisation psychique » tout en cherchant le moyen de le favoriser. La diminution, voire la disparition pure et simple des symptômes sera la conséquence visible de ce retraitement effectué sur les réseaux de mémoire contenant ces souvenirs traumatiques.

De nombreuses parts du cerveau ignorent la durée : cinq minutes et cinquante ans y sont équivalents. Le souvenir traumatique, causant la souffrance et provoquant différents symptômes, peut ainsi rester intact durant des années.

Le hamster peut indéfiniment faire tourner la roue dans sa cage, jusqu'à ce qu'on arrête la roue, et qu'on lui propose une autre activité ! Cette métaphore du hamster dans sa roue se retrouve dans l'expression populaire désignant la souffrance psychique : « J'ai un petit vélo dans la tête ».

Réadaptation

De plus, on constate que la thérapie EMDR permet de :
- se percevoir autrement : dans le nouveau regard qu'il porte sur lui-même, Henri se voit comme une personne fiable et responsable, même si elle n'est ni parfaite ni invincible ;
- mettre en perspective les différents éléments du passé : Henri a cessé de se sentir coupable de l'accident, il s'est rendu compte qu'il conduisait prudemment, à vitesse normale, dans un véhicule bien entretenu, sans alcool dans le sang… ;
- développer des prises de conscience nouvelles : Henri a réalisé combien la vie était fragile, et qu'il fallait lui reconnaître jour

après jour sa valeur inestimable en relativisant les « petits problèmes » quotidiens ;

- rétablir un bon équilibre émotionnel : Henri se sent suffisamment stable à l'intérieur de lui pour ne plus se laisser submerger par l'angoisse. Il « adapte » sa peur à la réalité du danger.

Illustration

Voici quelques histoires métaphoriques illustrant différents aspects du traitement adaptatif de l'information.

La fléchette empoisonnée

Lorsque nous vivons un événement, il se déroule forcément un jour, à un moment donné. Puis le temps passe, et l'événement fuit dans le flot du temps qui passe. Nous en gardons – ou pas ! – un souvenir conscient. Notre mémoire « autobiographique » se construit progressivement.

Mais il arrive parfois qu'un événement douloureux, qu'il soit subtil ou spectaculaire, ne s'éloigne pas dans le flot du temps qui passe. Tout se passe comme s'il restait actuel, comme s'il nous avait envoyé une fléchette empoisonnée : l'événement historique est certes dans notre passé, mais son poison est en nous, puisque la fléchette « avance dans le temps » en même temps que nous.

On a l'impression que cet événement ne s'est pas passé l'autre jour, ou l'année dernière, mais qu'il se déroule en ce moment même, avec son cortège d'angoisse, de culpabilité, de tristesse…

Le poison se manifeste en nous par une croyance (on dit aussi une cognition) que nous avons développée sur nous-mêmes à cette occasion, et qui s'est installée comme vraie « pour toujours ». Le traitement consiste bien naturellement à retirer la fléchette empoisonnée, et à couvrir la plaie d'un baume cicatrisant.

Léger problème : ni le patient ni le thérapeute ne savent faire cela. Mais le cerveau du patient, fort de son pouvoir d'autoguérison, peut dans certains cas réaliser cette performance – à condition qu'on l'aide en peu, en mettant son cerveau en mode « retraitement ».

Le buisson d'épines

Imaginez votre jardin envahi par des buissons épineux représentant les souvenirs traumatiques. Vous ne pouvez pas faire un pas sans vous y blesser.

Une seule solution : les arracher, aussi soigneusement que possible, et en tout cas avec les racines ! Vous allez commencer par en arracher un : bien sûr, vous vous y piquerez en vous en approchant, mais ce sera la dernière fois avec ce buisson-là, et la place désormais laissée libre vous donnera plus d'espace pour évoluer. Tant qu'il y restera des buissons piquants, vous risquerez de vous blesser, mais plus vous en enlevez, plus vous dégagez de marge de manœuvre.

C'est pour cela qu'on constate une amélioration progressive mais sans retour en arrière : le jardin devient peu à peu plus vivable, plus harmonieux, plus accueillant.

Le train stoppé en gare

C'est une ressource que chaque être humain possède : celle de pouvoir évoluer, changer, s'adapter… Mais parfois, le mécanisme se grippe. Le train de notre pensée est stoppé dans la gare d'une **cognition négative*** sur nous-même. Pas moyen de le faire redémarrer.

On se croit, on se sent, on se « sait » coupable, impuissant, minable, en danger… Et ceci pour toujours, puisque le train ne bouge pas. Pas trace du chef de gare pour siffler le départ, pas d'itinéraire prévu. Le quai est désert et le temps immobile.

Mais voilà que le chef de gare tant attendu arrive ! Il tend au conducteur de la locomotive l'itinéraire à suivre. La gare d'arrivée est bien là, sur le plan. Il ne reste plus qu'à s'y rendre. C'est la gare d'une **cognition positive***, rigoureusement symétrique, annulant la déréliction provoquée par l'intolérable station.

Coup de sifflet salvateur : le train s'ébranle. Il s'arrêtera plusieurs fois sur le chemin, et à chaque fois, du négatif descend, du positif monte. Arrivé en gare de la cognition positive, le train ne reviendra pas en arrière.

Rôle de l'EMDR

Résumons

On l'a vu : un bouleversement dans le système du traitement adaptatif de l'information peut empêcher le traitement correct de l'information qui est alors stockée de manière inappropriée telle qu'elle fut perçue au moment où elle est survenue.

Les perceptions du présent, les situations douloureuses actuelles, agissent comme des réactivateurs. Liées aux différents éléments des réseaux de mémoire des expériences non résolues et pas ou incorrectement traitées, elles conduisent à des comportements inadaptés entraînant une série de conséquences négatives et durables, qu'on appelle le trouble de stress post-traumatique.

Concept de l'EMDR

Cette thérapie repose sur le processus du TAI, processus physiologique d'adaptation qui permet une résolution adaptée et pertinente des informations associées à une forte charge émotionnelle.

Les réseaux neuronaux de la mémoire sont considérés comme le fondement des pathologies et des maladies affectant la santé mentale. La thérapie EMDR offre un processus associatif qui permet de restaurer les connexions neuronales adaptées.

Le système du TAI ne fonctionnerait plus chez personnes traumatisées. L'EMDR relance le TAI.

Pendant le traitement, les éléments stockés dans la mémoire se modifient et évoluent vers une situation plus lucide qui permet un apaisement durable. Le traitement a pour but de recréer un lien entre la zone de stockage (système limbique) et la conscience (cortex associatif).

Le retraitement de l'information inclut la désensibilisation, la prise de conscience et les modifications dans les réponses physiques et émotionnelles.

Le temps qui passe

Le champ d'application de l'EMDR se déploie sur les trois temps de la valse du temps qui passe.

- Le passé, bien sûr, afin de remettre l'événement traumatisant à sa place temporelle, et de le laisser à sa place dans le flot du temps écoulé.

- Le présent, car il va être question d'intégrer nos émotions, nos pensées et nos comportements à propos de situations actuelles. On traite dans ce cas le déclencheur qui réactive le traumatisme.

- L'avenir, car il est possible de se préparer à ce qui n'existe pas encore et que l'on peut participer à créer. Une fois retraités les traumatismes et les déclencheurs, on peut travailler sur l'anticipation d'une situation anxiogène pour la personne. Par exemple, se préparer à rencontrer au tribunal son agresseur.

CHAPITRE 5

UNE SÉANCE D'EMDR

Au programme

- Les huit phases d'une séance d'EMDR
- L'EMDR selon Francine Shapiro

Une séance d'EMDR se divise en huit phases :

Phase 1 : Prise de contact.

Phase 2 : Préparation, explications sur le déroulement du protocole et renforcement positif.

Phase 3 : Évaluation : accès au souvenir cible et utilisation des grilles subjectives.

Phase 4 : Désensibilisation par retraitement du réseau de mémoire en rapport avec la cible.

Phase 5 : **Installation***.

Phase 6 : Vérification corporelle par le « **scanner du corps*** ».

Phase 7 : Clôture de la séance.

Phase 8 : Réévaluation à la séance suivante des effets du traitement.

Phase 1 : Prise de contact

L'EMDR, comme nous l'avons vu, prend en compte les émotions (la peur, la colère, la tristesse…) ainsi que des affects plus complexes comme la honte, la culpabilité ou la jalousie. La thérapie EMDR nécessite donc qu'une véritable alliance soit établie entre le thérapeute et le patient.

Un praticien EMDR commencera par prendre le temps d'entrer en contact avec vous, car la relation doit être confiante et chaleureuse. Il évaluera si cette approche est pertinente dans votre cas et si vous êtes à même de vivre sans danger les émotions qui peuvent apparaître au cours du traitement.

Sachez qu'il doit avoir signé le Code de déontologie de sa profession qui signale et stigmatise tout « dérapage », en particulier dans les domaines affectifs, sexuels et financiers.

Il vous donnera toutes les informations nécessaires à l'établissement d'un contrat thérapeutique clair (fréquence des séances, coût…) et vérifiera que les conditions sont requises pour le démarrage d'une thérapie EMDR, en fonction du diagnostic qu'il fera.

Enfin, précisons qu'une thérapie ne peut se dérouler que parallèlement à un bilan médical approfondi. En effet, une douleur, un malaise ne peuvent être étiquetés « psychosomatiques » qu'après avoir éliminé toute cause organique. Cette règle ne souffre aucune exception.

Inconvénients éventuels

Paradoxalement, un traitement réussi peut aussi avoir des inconvénients !

Par exemple, si l'on est amené à témoigner dans une enquête de police, le stress post-traumatique aura disparu, mais auront également disparu les souvenirs de certains détails, dont les enquêteurs auraient pourtant été friands !

Ou encore, si l'on a demandé une compensation pour le préjudice subi (indemnité, arrêt de travail…), la disparition des symptômes peut la rendre injustifiée.

Phase 2 : Préparation et renforcement positif

Le thérapeute va vous transmettre les moyens de faire face à d'éventuelles émotions fortes qui pourraient vous submerger en début de traitement. Il vous faudra prendre le temps nécessaire pour maîtriser quelques techniques apaisantes au cas où vous vous sentiriez submergé à un moment ou à un autre par d'importantes perturbations émotionnelles.

Ces techniques peuvent être guidées par le thérapeute ou pratiquées par le patient lui-même quand il se sent perturbé, y compris en dehors des séances.

Il est opportun de se souvenir, voire de noter dans un journal, ce qui a provoqué ces perturbations : événement déclencheur, image, pensée, émotion ou sensation…

Si ces techniques apportent un soulagement, elles peuvent être renouvelées.

Le **lieu sûr***

Il s'agit d'une technique qui permet de retrouver son calme si la situation devient trop stressante, ou si la séance devient trop angoissante. Elle s'utilise pour se préparer à une séance d'EMDR ou pour clore une séance inachevée.

1. Identifier un « lieu sûr », réel ou imaginaire, dont l'évocation induit un sentiment de calme et de sécurité.

2. Se focaliser sur l'image, les sons, les odeurs, les couleurs de ce lieu… et sentir les émotions qui apparaissent alors. Identifier l'endroit du corps où la sensation agréable est perçue.

3. Trouver un mot qui représente son lieu sûr, par exemple « paix », « clairière », « plage »… Penser à ce mot en se concentrant sur les sensations agréables qui apparaissent.

Le faisceau lumineux

Il s'agit ici de se concentrer sur les sensations corporelles qui dérangent, de les identifier de façon analogique en décrivant leurs caractéristiques imaginaires : forme, taille, couleur, chaleur, texture…

On détermine ensuite une couleur préférée associée à la guérison.

Le thérapeute recommande alors d'imaginer que cette couleur, sous la forme d'un faisceau lumineux, arrive à travers le sommet de la tête et se dirige d'elle-même vers la « forme » perturbante identifiée dans le corps. Cette source de lumière est inépuisable, et plus on l'utilise, plus on peut en disposer.

Et pendant que cette lumière s'approche de la forme, résonne autour d'elle, se fraye un chemin à travers elle, vibre en elle… qu'arrive-t-il à la forme ?

Il arrive fréquemment que cet exercice de visualisation fasse disparaître la forme et que la sensation perturbante s'estompe de façon notable.

La spirale

Penser au souvenir difficile et se concentrer sur les sensations désagréables qui l'accompagnent.

Imaginer que les sentiments, comme s'ils avaient une existence concrète, peuvent tourner en rond comme en spirale, et observer dans quel sens tourne cette spirale.

Grâce à votre imagination, faites tourner la spirale dans l'autre sens, et notez ce qui se passe en vous à l'occasion de ce changement de sens.

Respirer autrement et… ailleurs

Retrouver dans sa propre histoire un moment heureux et positif.

Noter alors la manière dont on respire et dans quel endroit du corps on la ressent.

Poser la main à cet endroit.

Respirer plusieurs fois en notant les sensations associées à cette respiration.

Penser alors à un souvenir plus difficile et noter la manière dont la respiration change.

Poser la main à l'endroit où l'on ressent le changement.

Puis reposer la main vers la première position et modifier volontairement sa respiration.

Le sentiment désagréable a de grandes chances de disparaître.

Respirer avec le ventre

Quand on est excité, énervé, stressé, on respire de façon saccadée et superficielle en utilisant le haut des poumons. On peut retrouver le calme en « descendant » la respiration : c'est alors le diaphragme qui descend et le ventre qui se gonfle.

Le thérapeute suggère d'imaginer que l'on est sur le point de s'endormir. La respiration que l'on a spontanément à ce moment-là est une respiration abdominale, directement apaisante. Une fois qu'on l'a repérée, il suffit de l'amplifier pour que diminue la sensation désagréable.

Stopper un flash-back : le « frein à main » d'Arne Hoffmann

Le docteur Arne Hoffmann, spécialisé en médecine interne et en psychothérapie, a introduit l'EMDR en Allemagne dès 1991 et y a fondé le premier institut d'EMDR. Il recommande la procédure suivante.

Regardez bien cette image perturbante qui fait irruption malgré vous dans votre psychisme. Regardez son centre, et observez qu'elle a aussi un bord. Distinguez-vous également le cadre autour du bord, comme s'il s'agissait d'une télévision, par exemple ?

Peut-être distinguez-vous la télécommande à côté. Prenez-la et commencez par baisser le son.

Il y a un autre bouton qui réduit la taille de l'image. Appuyez dessus et regardez l'image se rétrécir, devenir un point, puis l'écran devenir tout noir.

Regardez sous la télévision, le lecteur de DVD : appuyez sur « Eject » et retirez le disque qui était lu.

Tout au fond de votre esprit, il y a un   gères profondes. Posez le disque sur une é   refermez la porte blindée derrière vou

Écoutez bien le bruit   ment.

EMDR in der Therapie psychotraumatischer Belastungssyndrome

La cohérence cardiaque

Il s'agit d'un puissant outil de stabilisation émotionnelle. Quand on est stressé, on respire plus vite, le cœur s'emballe, et on a l'impression de perdre le contrôle de ce qui se passe à l'intérieur.

Le principe est d'aider à calmer le rythme cardiaque en respirant calmement et profondément six fois par minutes (5 secondes d'inspiration, 5 secondes d'expiration).

Le terme de « cohérence cardiaque » désigne également un ensemble de techniques plus élaborées, incluant des indications de **biofeedback*** destinées à acquérir un contrôle conscient et volontaire sur notre rythme cardiaque.

Phase 3 : Évaluation

C'est ici que se fait le travail du choix de la cible sur laquelle la thérapie EMDR va se centrer.

Il est certes possible de demander au patient d'établir la liste des dix événements les plus difficiles de sa vie et de convenir d'un ordre dans lequel retraiter les différents traumatismes. Toutefois, une pratique plus récente préfère partir du présent et de la souffrance ressentie actuellement par la personne.

En recherchant des points communs et des analogies avec d'autres situations (soit dans le passé, même ancien, soit dans un avenir anticipé comme menaçant), il est possible de trouver un fil rouge qui donnera une logique au cheminement thérapeutique, en révélant l'une après l'autre la pertinence des cibles évoquées.

C'est ce qu'on appelle le **plan de ciblage***.

Recherche du souvenir

Parfois, il est nécessaire d'avoir recours à des exercices particuliers pour faire émerger tel ou tel souvenir, comme le *float-back* et le pont d'affect.

Le *float-back*

La technique du *float-back* consiste à se laisser flotter vers l'arrière, le passé… Le thérapeute peut donner à la personne les indications suivantes :

- Je vous invite à penser à l'image de ce souvenir ancien.
- Remarquez les émotions que cela provoque en vous et comment votre corps réagit.
- Laissez simplement votre esprit flotter en arrière, dans le temps de votre passé, sans rien chercher de particulier.
- Dites-moi la première situation qui vous vient à l'esprit qui provoquait chez vous des réactions analogues.

Le pont d'affect

Le thérapeute peut donner au patient les indications suivantes :
* Pensez à ce souvenir ancien (éventuellement révélé par le *float-back*).
* Quelles émotions ressentez-vous ?
* Où les ressentez-vous dans votre corps ?
* Concentrez-vous sur ces sensations dans votre corps et laissez votre esprit retrouver dans le passé la première fois où vous vous souvenez avoir eu ces sensations.

Recherche de la « fléchette empoisonnée »

Une fois la cible déterminée et stigmatisée par un récit ou une image, vous pourrez ensemble repérer où est la « fléchette empoisonnée » (le réseau de mémoire dysfonctionnelle) pour guider le travail avec précision. Cette recherche explorera différents aspects de votre fonctionnement psychique :
* les croyances négatives (ou cognitions négatives) sur soi-même ou sur le monde ;
* les affects (émotions) ;
* les sensations corporelles, qu'on appelle aussi manifestations sensori-motrices.

Les croyances (ou cognitions) négatives

Il s'agit de croyances négatives irrationnelles qu'ont les victimes sur elles-mêmes. Au lieu d'être circonscrites dans le contexte du traumatisme (par exemple : « je suis en danger »), ces croyances s'installent de façon massive et permanente.

La réalité est que, lorsque la menace est passée, on n'est plus en danger. Mais dans ce cas, on le sait « dans sa tête » sans pouvoir y croire vraiment à 100 %. Tout se passe comme si une partie de nous, en particulier notre corps, n'avait pas intégré cette information.

Une question peut faire émerger cette cognition :

« Retrouvez en vous ce moment difficile. Qu'est-ce que cette situation dit de négatif sur vous, qui résonne encore maintenant comme vrai au plus profond de vous ? »

Il ne s'agit pas ici de ce que la personne s'est dit à ce moment-là, mais de ce qu'elle se dit encore maintenant de négatif sur elle-même lorsqu'elle se connecte au souvenir traumatique passé.

Cela explore comment, d'après elle, ce qu'elle a appris sur elle-même s'est généralisé comme une vérité globale et irrationnelle existant encore aujourd'hui.

Ces croyances négatives sur soi-même se regroupent en quatre catégories :

- sentiment d'insécurité ;
- responsabilité et culpabilité ;
- estime de soi ;
- possibilité de choix.

— Sentiment d'insécurité

Nous avons vécu un événement dans lequel nous nous sommes sentis en danger, à tort ou à raison. Mais la conviction « je suis en danger » s'est installée en nous et persiste alors que le danger a disparu, et même si nous en convenons logiquement. Le poison de la fléchette diffuse cette croyance en continu.

Le travail de l'EMDR va transformer la cognition « je suis en danger » en « je suis en sécurité, maintenant ».

— Responsabilité et culpabilité

On a souvent la surprise, en accompagnant les patients traumatisés, de la fréquence de la cognition « je suis coupable », qui veut dire : « c'est de ma faute, je suis impardonnable d'avoir fait cela, accepté cela, laissé faire cela… ». Cette surresponsabilité abusive concerne dans l'immense majorité des cas des personnes qui sont

demment innocentes de ce qu'elles ont subi, alors même que le
umatisme a provoqué de réels dégâts.

travail de l'EMDR va transformer la cognition « je suis
upable » en « je suis innocent », « ce n'est pas ma faute », « je
vais pas la possibilité de faire autrement ».

stime de soi

traumatisme a abîmé ou dévalorisé l'estime que la personne a
elle-même. « Je suis minable », « je ne vaux rien », « je ne suis pas
la hauteur », « je ne mérite pas qu'on m'aime »… sont quelques
emples de ces cognitions.

e travail de l'EMDR va transformer la cognition « je ne vaux
en » en « j'ai de la valeur », « je suis quelqu'un de bien ».

Possibilité de choix

Dans ce cas, la personne se sent coincée, impuissante, incapable
de faire face ou de trouver la moindre porte de sortie. « Je ne peux
pas le supporter », « je suis impuissant », « je ne peux pas faire
autrement »…

Le travail de l'EMDR va transformer la cognition « je suis coincé »
en « je peux faire face » ou « je peux trouver une solution ».

Les affects

Les zones du cerveau chargées de gérer nos émotions (cerveau
limbique) sont également concernées par notre réaction à un événement traumatisant. Associés aux traumatismes, les sentiments
peuvent donc jouer leur partition pour leur propre compte, indé-
pendamment du contexte actuel. On ressent donc des émotions
(peur, tristesse, colère…) qui peuvent aller jusqu'à se manifester de
façon intense.

Cette réaction émotionnelle forte (on parle « d'abréaction ») peut être impressionnante, mais elle sera sans gravité dans la mesure où elle est accompagnée par un praticien expérimenté.

L'émotion résonne dans le corps

Intuitivement, nos émotions sont ressenties dans une localisation corporelle, sans aucune rationalité médicale, mais avec néanmoins une évidence subjective quasi immédiate. À la question : « Cette émotion dont vous parlez, où la ressentez-vous ? », la plupart des gens n'ont aucune hésitation à répondre ! Le plus souvent, on la situe :

• dans le ventre, le plexus ;
• dans la gorge ;
• dans la poitrine ;
• dans la tête, dans la mâchoire.

Mais toutes les parties du corps peuvent « héberger » la sensation de l'émotion : les bras, les mains, le sexe…

Dissociation

Il peut également arriver qu'une personne se sente partagée intérieurement entre différentes parts d'elle-même. L'émotion siège dans une des parts, mais l'autre partie qui, d'habitude, régule et modère ses comportements, est « aux abonnés absents », ou bien ne peut plus jouer son rôle.

C'est aussi le cas lors du phénomène d'identification à l'agresseur : lorsque le cadre de référence de la victime a été complètement anéantit par une agression destructrice, elle peut se retrouver face à un vide porteur d'une incohérence existentielle très angoissante. La personne de l'agresseur, voire ses valeurs, peuvent alors, par défaut, être vécues comme rassurantes. C'est la raison pour laquelle on voit certaines victimes prendre fait et cause pour leur agresseur et leur donner raison, ou leur pardonner trop vite.

On parle dans ces cas-là de dissociation, comme si la personnalité était divisée en plusieurs parties qui ne communiquent plus entre elles.

Le terme de dissociation désigne également une mise à distance de la réalité

- interne, comme si on était coupé de ses émotions, de ses pensées… ;
- externe, comme si on ne pouvait plus recevoir ou gérer les stimulations extérieures.

Ce phénomène de dissociation peut être léger et épisodique et concerner chacun d'entre nous. Mais s'il est intense et fréquent, il est en corrélation avec une fragilité plus profonde dont il convient de tenir compte.

Trois types de dissociation

Onno van den Hart, professeur honoraire de psychopathologie des traumatismes chroniques à l'Université d'Utrecht, Pays-Bas, différencie trois types de dissociation structurelle de la personnalité :

- La dissociation primaire, souvent en rapport avec les suites d'un traumatisme, ou d'une préoccupation excessive. Ainsi, alors qu'on conduit sa voiture, qu'on voyage en bus ou en métro, on réalise soudainement qu'on ne se souvient pas de ce qui est arrivé pendant tout ou partie du trajet. On se dit : « Tiens, je suis déjà là ! » Ou encore, lorsqu'on écoute quelqu'un parler, on se rend compte tout à coup qu'on n'a pas entendu tout ou partie de ce qui a été dit. Autre exemple : on va chercher quelque chose, et une fois arrivé dans la pièce, on ne se souvient plus de ce qu'on est venu y chercher.

- La dissociation secondaire se manifeste par des coupures avec la réalité plus fréquentes et plus intenses, et on ne peut pas repérer facilement le traumatisme qui en serait à l'origine. Certaines parts de nous peuvent s'isoler et souffrir, alors qu'une autre partie, apparemment normale, peut continuer d'assumer tant bien que mal nos responsabilités et donner le change dans les relations quotidiennes.

- La dissociation tertiaire met la personne en danger et concerne la construction même de la personnalité. On parle même dans ce cas-là de « trouble dissociatif de l'identité », dans la mesure où la personne ne sait plus qui elle est et qu'elle n'est plus en mesure de prendre la complète responsabilité de ses actes, de ses émotions ou de ses pensées.

Même légère et épisodique, la dissociation peut avoir des conséquences importantes. Il est donc opportun de la diagnostiquer à temps et de prendre toute précaution nécessaire vis-à-vis de la thérapie EMDR. En effet, celle-ci devient dans ce cas particulièrement délicate et doit être réservée à des praticiens chevronnés, qui mettront en œuvre avant, pendant et après le traitement les techniques protectrices appropriées.

Il faut ainsi prendre garde à aider les patients pour qu'ils restent dans leur **fenêtre de tolérance***, par des exercices de relaxation, de respiration, et de renforcement du lien avec le thérapeute, dont la présence rassurante dans l'ici et maintenant limitera les expériences émotionnelles insupportables.

Il pourra être utile de s'aider d'échelles chiffrées d'évaluation subjective.

*L'échelle de détresse : SUD (*Subjective Unity of Distress*)*

Cette échelle **SUD*** est déterminée grâce à la question suivante, posée par le thérapeute :

« Quand vous vous reconnectez avec le souvenir traumatique, évaluez le niveau de votre détresse sur une échelle de 0 à 10, où 0 veut dire que vous pouvez y penser tranquillement, sans émotion particulière, et 10 que cette pensée provoque la plus immense détresse que vous pouvez imaginer vivre. »

*La validité subjective de la cognition positive : VoC (*Validity of Cognition*)*

On explore la **VoC*** par la question suivante :

« J'aimerais que vous pensiez à la situation qui vous a traumatisé. Dans quelle mesure ressentez-vous maintenant comme vrais ces mots (on répète alors la cognition positive, par exemple « je suis quelqu'un de bien », « je mérite de vivre », « je suis innocent », « je suis en sécurité ») ; sur une échelle de 1 à 7, où 1 veut dire que vous ressentez la phrase comme tout à fait fausse et 7 tout à fait vraie, quelle valeur lui attribuez-vous ? »

Les manifestations corporelles

Le corps est concerné au premier chef par notre réaction au stress, par l'intermédiaire d'affects intenses, comme on vient de le voir, mais aussi par des sensations variées : douleurs, pic
blements, contractures, tension, chaleur ou froid...
peuvent préexister ou bien se réactiver en cours
donnent de précieuses indications sur la qualité du

Pour résumer

Au total, l'EMDR utilisera l'ensemble de ces données
retraitement du traumatisme :
- la description narrative du souvenir ;
- la cognition négative (conduisant à la positive) ;
- les émotions qui y sont attachées ;
- la sensation corporelle ressentie à cette occasion.

Phase 4 : Désensibilisation

Il s'agit maintenant de permettre la disparition des affects négatifs et de la perturbation émotionnelle.

On demande pour cela au patient de faire revenir dans son for intérieur le souvenir traumatique et de penser à la cognition négative associée. La sensation corporelle ne tarde évidemment pas à se manifester. C'est un moment qui peut bien sûr se révéler désagréable (qui a envie de se replonger dans un tel passé ?), mais qui est nécessaire pour parvenir à être définitivement abandonné.

Le thérapeute peut alors commencer une série de stimulations bilatérales alternées.

Les stimulations bilatérales alternées (SBA)

Il s'agit de stimuler alternativement les parties droites et gauches du corps, ce qui aura pour effet de stimuler alternativement les deux hémisphères du cerveau. Ces stimulations alternatives peuvent être :

- visuelles, en portant le regard de droite à gauche en suivant une fine baguette (ou simplement la main du thérapeute) : c'est cela qui est désigné par les deux premières lettres de l'EMDR (EM = *eyes movement*, « mouvement des yeux ») ;

Illustration 1 : stimulation visuelle

- auditives, par le port d'un casque audio délivrant des « bips » dans l'oreille droite puis dans la gauche (voir illustration 2 p. 82) ;
- tactiles : en tapotant par exemple les genoux ou les épaules... Les tapotements peuvent être pratiqués par le thérapeute ou par le patient lui-même.

Tapotements

Même en dehors d'une séance, on peut se tapoter soi-même l'épaule droite avec la main gauche et l'épaule gauche avec la main droite ; on dit alors qu'on fait « le papillon* » : 30 secondes à une minute de « papillon » peuvent provoquer un apaisement certain lorsqu'on se sent troublé ou angoissé.

Une maman qui prend son enfant dans ses bras après une grosse frayeur et qui lui tapote avec douceur et alternativement les épaules, en murmurant à son oreille : « Là, là... c'est fini... tout va bien maintenant... » opère un retraitement du traumatisme digne d'une authentique séance d'EMDR.

Illustration 2 : appareillage pour les stimulations bilatérales alternées visuelles, tactiles et auditives

Ces SBA peuvent servir à développer ou à ancrer des ressources comme l'installation d'un lieu sûr (la personne s'imagine dans un environnement doux, harmonieux et surtout sûr). Le retour à ce lieu sûr lui permettra de s'apaiser si, d'aventure, elle se trouvait par trop perturbée par des affects difficilement supportables en rapport avec le souvenir traumatique.

Elles peuvent aussi permettre d'activer les processus neuro-physiologiques du retraitement du souvenir traumatique : sous l'effet des SBA, le TAI (traitement adaptatif de l'information, voir chapitre 4) se remettrait à fonctionner de manière efficace.

Ajoutons que plusieurs études scientifiques établissent que les SBA permettent :

- d'accéder aux réseaux de mémoire qui contiennent ces souvenirs traumatiques ;
- de favoriser la liaison avec des réseaux de mémoire contenant des expériences adaptatives porteuses de sens et aptes à être intégrées dans une vision du monde compatible avec un apaisement des tensions émotionnelles et physiques ;
- de « retraiter » les réseaux de mémoire dysfonctionnelle, retraitement entraînant une diminution ou une disparition des symptômes.

Le système nerveux

Arrêtons-nous un instant sur l'organisation du système nerveux d'un individu.

Deux systèmes complémentaires

Nous communiquons avec notre environnement par l'intermédiaire d'un système nerveux dit somatique : sensoriel pour une part (pour recevoir et décoder l'information en provenance de l'environnement) et moteur pour une autre part, qui nous permet de bouger et d'agir. Tout cela sous le contrôle de notre conscience et de notre volonté.

Mais parallèlement à ce câblage nerveux, il existe un autre système qui assure l'innervation des muscles lisses, du cœur, des glandes… Il règle la circulation du sang, la vitesse et la qualité de la digestion, la qualité du fonctionnement des cellules (le métabolisme), les sécrétions diverses, la température du corps, la reproduction… Il assure également la coordination de ces fonctions vitales – c'est dire son importance. Toutefois, cet important système nerveux n'est pas sous le contrôle de la volonté. C'est pour cela qu'on l'appelle « autonome », « végétatif » ou « involontaire ».

Les actions du système nerveux somatique et du système nerveux autonome sont très souvent reliées, et leurs interconnexions nombreuses.

Au sein du système autonome

Ce système nerveux autonome se subdivise en deux parties qui diffèrent par leur fonction, leur structure anatomique, et les éléments chimiques qu'elles utilisent.

- Le système orthosympathique (ou plus simplement « sympathique ») a un effet plutôt excitateur, et utilise en particulier les effets toniques de l'adrénaline.
- Le système parasympathique a un effet plutôt apaisant, et tire parti de l'action calmante de l'acétylcholine.

Lorsqu'on demande au patient de s'imaginer dans la situation traumatique, la mise en œuvre des SBA génère une modulation du système nerveux autonome avec activation du système parasympathique cholinergique (qui stimule la sécrétion d'acétylcholine, une molécule du cerveau apaisante) et une inhibition relative temporaire du système sympathique adrénergique (qui stimule la sécrétion d'adrénaline, une molécule du cerveau stimulante).

La production d'acétylcholine entraînerait une baisse de la tension émotionnelle. Aubert a corroboré cette hypothèse en la corrélant à des modifications objectives de la tension artérielle, du rythme cardiaque et de l'émission de sueur au cours de la thérapie EMDR.

Effets des SBA

Ainsi, les stimulations bilatérales alternées :

- modifient l'équilibre des systèmes ortho- et parasympathiques ;
- présentent une similitude avec le sommeil paradoxal ;
- stimuleraient des zones analogues à celles concernées par la réponse d'orientation (mobilisation de l'attention consécutive à un changement dans l'environnement, afin de se prémunir contre un événement imprévu) ;
- facilitent le rappel des souvenirs.

On observe en conséquence une désensibilisation des effets négatifs du traumatisme et le surgissement d'informations adaptatives :
créativité pour trouver des solutions, changement de regard et reca-
drage (le verre est vu comme à moitié plein, et non plus à moitié
vide), fécondité du sens donné à l'événement dont on pourra tirer
des leçons pour l'avenir…

Pratique de la désensibilisation

La désensibilisation proprement dite s'effectue grâce à une succession de « sets » de stimulation bilatérale, soit trente secondes à une
minute en moyenne.

Observation

Durant ces sets de SBA, on demande au patient d'être simplement
observateur de ce qui se passe en lui et de le signaler au thérapeute
à la fin de chaque set, parfois au fur et à mesure.

On ne lui demande aucunement de se concentrer spécialement sur
une image ou une émotion, mais simplement de se reconnecter sur
un point précis, un instant particulier du souvenir traumatique.
Il lui suffit de « laisser venir » ce qui se présente à lui en termes
de pensées, d'images, d'émotion, voire de sensation corporelle
– comme s'il était assis dans un train et voyait défiler le paysage
derrière la vitre.

L'essentiel du travail psychique de réparation est basé sur cette
double approche : la conscience que c'est MAINTENANT que je
me souviens du PASSÉ.

Prise de conscience

Ensuite, le cerveau « convoque » à sa conscience les éléments dont
il a besoin pour retraiter l'événement : une image, une pensée, une
émotion, une sensation dans le corps.

Si un élément particulièrement désagréable survient, on suggère
au patient de continuer un moment les SBA afin de ne pas inter-
rompre le processus de retraitement : si on est dans un tunnel,

ix vaut donner un coup d'accélérateur pour en sortir que de
r bloqué au milieu.

sensation est intolérable, il est bien sûr possible d'arrêter le
processus et de revenir, par des techniques appropriées d'apaisement émotionnel, à l'intérieur de sa fenêtre de tolérance.

Tant qu'il se passe quelque chose à « l'intérieur de soi », c'est l'indication qu'il faut continuer les stimulations bilatérales.

Rôle du thérapeute

Le thérapeute s'abstient de demander des clarifications ou des
précisions sur ce que le patient rapporte. De même, il n'en donne
aucune interprétation. Il continue simplement de ramener l'attention du patient sur le matériel révélé par la stimulation et amorce
une nouvelle série de mouvements jusqu'à ce que les associations
ne suscitent plus de changements ou jusqu'à ce que seulement des
associations et sensations positives soient rapportées.

Si un set de SBA ne provoque rien dans l'esprit ou dans le corps de
la personne, cela donne au thérapeute autant d'informations que
s'il se passait quelque chose. On reviendra alors au souvenir cible,
autant de fois qu'il faut pour que le souvenir soit mis réellement à
sa place.

Retours successifs au souvenir cible

On constate qu'une série de SBA retraite un aspect particulier du
traumatisme dans une sorte de trajectoire psychique. Une fois que
cet aspect est épuisé, nettoyé et qu'il ne se passe plus rien durant les
SBA, on demande à la personne de revenir au souvenir cible pour
explorer ce qui a changé par rapport à ses premières perceptions.
En général, une autre trajectoire se dessine, évoquant d'autres
pensées, d'autres images, émotions, sensations…

Ces allers et retours peuvent se comparer à autant d'explorations et
de retraitements de « canaux » associatifs.

© Groupe Eyrolles

Lorsque plus rien ne se présente au cours des SBA, la personne témoigne alors qu'elle se souvient certes d'avoir vécu cela, mais sans la souffrance qui y a été associée. L'événement a été mis « en archive » : on peut y repenser si on le décide, mais on n'est plus envahi par lui. Le présent a été nettoyé des miasmes du passé.

Le début de la séance d'EMDR d'Aurore

Aurore, une jeune femme de vingt-sept ans, vient consulter trois mois après un accident de la voie publique. Elle s'en est physiquement plutôt bien remise, mais se sent toujours très angoissée. Elle dort mal, a des flash-back de la voiture surgissant devant elle, et n'ose plus marcher dans la rue, même sur le trottoir.

Le souvenir cible : elle voit la voiture foncer sur elle et a juste le temps de se jeter en arrière.

La cognition négative : « Je suis en danger. »

La cognition positive : « Je suis en sécurité, maintenant. »

La sensation dans le corps : Un resserrement dans la poitrine et dans le ventre.

L'émotion : La peur.

Voici la succession de ce qui se passait en elle au fur et à mesure des SBA :

Je me revois marchant dans la rue, et la voiture fonce sur moi.

J'ai peur, je me demande ce qu'il m'arrive.

J'ai l'impression que tout est noir.

J'ai comme une chape de plomb sur les épaules.

Je me dis que ce type est un vrai salaud de ne pas avoir fait attention à moi.

J'ai une tension dans la nuque.

Je me dis que la rue n'était pas éclairée, que j'étais habillée en noir, ce n'était pas forcément de sa faute.

On est peu de choses ! Je me croyais invulnérable, et je me fais renverser en allant à cette soirée.

Des tremblements légers dans les bras.

En fait, je suis très solide : renversée par une voiture, je m'en sors avec quelques bleus.

J'ai mal au ventre.

Je repense au fait que le conducteur avait de l'alcool dans le sang : quel irresponsable !

Je me rends compte que mon père prend parfois le volant après avoir bu, lui aussi.

En fait, personne n'est parfait, ni ce conducteur ni moi qui marchais sur la chaussée à la nuit tombante, habillée en noir.

À la fin de la séance, Aurore se sent apaisée, ne ressent plus d'angoisse et peut repenser à ce souvenir sans ressentir d'émotions désagréables ni d'insécurité. Tous les symptômes en rapport avec l'accident ont disparu, et ne sont pas revenus à ce jour.

À la fin de cette phase de désensibilisation, l'utilisation des échelles subjectives permet de vérifier que le niveau de détresse est à zéro.

Phase 5 : Installation

La perception plus adaptée et positive de l'événement doit maintenant être consolidée.

Il est demandé au patient d'associer le souvenir de l'événement considéré au début du traitement comme traumatisant avec la cognition positive : « je suis en sécurité, maintenant », « je suis innocent », « je peux faire face et trouver des solutions »... Des SBA accompagnent et soutiennent cette intégration du souvenir et de la cognition qui l'apaise.

Un souvenir remis à sa place

Ainsi remis à sa place dans le passé, le souvenir cesse de réactiver la croyance irrationnelle et destructrice. C'est de cette manière que le traumatisme sera retraité et qu'il sera possible d'orienter les pensées, les émotions et les sensations vers des aspects positifs.

Les SBA favorisent de nouvelles connexions neuronales tenant compte de la réalité présente, c'est-à-dire tirant parti du fait que l'événement se situe bien dans le passé et qu'il est maintenant possible de le voir, le ressentir ou l'interpréter de façon différente.

Le cerveau réintègre peu à peu les différents étages de son fonctionnement : cerveau associatif avec des pensées claires, cerveau limbique avec des affects apaisés, et cerveau archaïque avec un sentiment de sécurité.

Cognition positive intégrée

Le retraitement est achevé lorsque la cognition positive résonne pour la personne comme « tout à fait vraie ». Cette cognition positive finale peut d'ailleurs être légèrement différente de celle qui avait été imaginée au départ, puisque, chemin faisant, un éclairage plus global a parfois permis de prendre un peu de hauteur par rapport à la vision du départ. Ainsi, la cognition positive initiale, qui était « je suis quelqu'un de bien », peut se préciser en « je suis capable d'aller vers les autres » ou « je suis fiable ».

L'échelle d'évaluation subjective de la cognition positive (VoC), de 1 à 7, est réévaluée à ce moment.

Phase 6 : Vérification corporelle par le « scanner du corps »

Il faut désormais interroger le corps, partenaire incontournable de nos souffrances – et témoin jubilatoire de nos rédemptions !

Le praticien EMDR procède pour cela de la manière suivante : il propose au patient de superposer mentalement une image du souvenir cible et la cognition positive, réunissant dans un raccourci imaginaire le point de départ et le point d'arrivée du chemin parcouru durant les dernières séances.

Il demande ensuite au patient de fermer les yeux et de faire en sorte que cette superposition descende mentalement de la racine des cheveux jusqu'aux orteils : ce passage fantasmatique s'appelle le « scanner du corps ».

Le patient doit vérifier que cette paisible descente se déroule sans qu'aucune partie de son corps ne « bronche » : la moindre douleur ou crispation, le plus petit picotement ou resserrement incitera à recommencer une série de SBA, jusqu'à ce que le scanner du corps se déroule avec fluidité, laissant une sensation physique de bien-être intérieur.

Phase 7 : Clôture de la séance

Voici enfin venu le moment de faire le point sur ce qui vient de se passer, plus tranquillement, puisque le patient se sent bien et que les manifestations émotionnelles ou physiques sont calmées.

Le thérapeute rappelle que l'effet de la séance peut se prolonger durant quelques heures encore. Il est important qu'il reste joignable par téléphone.

Il recommande au patient de noter tous les changements éventuels qu'il constatera en lui et dans sa vie. Il lui suggère également d'être attentif aux sensations physiques, aux émotions, aux pensées, aux rêves qui peuvent arriver d'ici la séance suivante, par exemple en tenant un journal quotidien.

Si le traitement n'a pu être terminé au cours de cette séance, le matériel traumatique sera placé par l'imagination dans un « container » qui reste dans le cabinet du thérapeute et ne sera « rouvert » qu'à la séance suivante.

Phase 8 : Réévaluation à la séance suivante

La séance suivante commencera par l'évaluation de l'impact résiduel du souvenir traumatique et celui du traitement effectué en interrogeant le patient sur son niveau de détresse coté de 0 à 10 (SUD).

Si des éléments nouveaux sont intervenus entre-temps, ou si des affects désagréables restent attachés au souvenir, ils seront retraités de la même manière.

Pour résumer : les 8 phases de la thérapie EMDR

- Phase 1 : Prise de contact. Vérification de l'opportunité de pratiquer l'EMDR. Étude de l'histoire de la personne.
- Phase 2 : Préparation et explications sur le déroulement du protocole. Stabilisation des affects par différents moyens. Constitution et renforcement d'un lieu sûr.
- Phase 3 : Évaluation : accès au souvenir cible et utilisation des grilles subjectives : niveau de détresse, perception des cognitions… Repérage des éléments associés : pensées, images, émotions, sensations physiques.
- Phase 4 : Désensibilisation par retraitement du réseau de mémoire en rapport avec la cible. Au terme de cette phase, le sentiment de détresse lié au souvenir a disparu : le SUD est coté à zéro.
- Phase 5 : Installation ; retraitement du traumatisme et augmentation des sensations vers des réseaux mentaux et physiques positifs. Au terme de cette phase, la cognition positive est ressentie comme absolument vraie. La VoC est cotée à 7/7.
- Phase 6 : Scanner corporel. Les manifestations physiques résiduelles de la mémoire sont retraitées. On « passe en revue » la totalité du corps en associant le souvenir cible avec la cognition positive. Au terme de cette phase, cette association (souvenir cible + cognition positive) laisse le corps paisible, sans douleur ni manifestation désagréable.
- Phase 7 : Clôture. Le patient est informé si la séance est terminée ou pas. Vérification de son état émotionnel. Mise en place de la possibilité d'un lien téléphonique avec le thérapeute. Intérêt de développer des techniques d'autocontrôle et de garder en mémoire, éventuellement en tenant un journal, tout élément nouveau survenant dans les jours qui suivent : rêve, prise de conscience, émotion, sensation, événement…
- Phase 8 : Réévaluation à la séance suivante des effets du traitement. Reprise éventuelle d'un retraitement qui se révélerait incomplet. Vérification de l'attitude face aux déclencheurs et à l'anticipation vers l'avenir.

L'EMDR selon Francine Shapiro

Francine Shapiro donne l'exemple d'une exploration de nos propres « brocantes », ces bric-à-brac enfouis dans notre passé qui accumulent autant de bons souvenirs que de traumatismes. Voici ce qu'elle recommande (d'après son ouvrage *Get Past Your Past*).

Pensez par exemple au mot « insécurité ». Nul ne peut deviner ce qu'il évoque pour vous ! C'est comme si on vous demandait de penser à du « vert » quel type de vert imagineriez-vous : vert tendre, vert foncé, vert pomme… ?

De la même manière, quand vous admettez que vous vous sentez « insécurisé », c'est uniquement un aspect du problème. Suivant les événements, vous pouvez ressentir différentes émotions, plus ou moins associées à certains souvenirs. Il est donc important de savoir exactement ce qui se passe en vous quand vous ressentez de l'insécurité.

Peut-être aborderez-vous cela par la « partie émergée de l'iceberg ». Lire les cognitions négatives permet d'avoir une meilleure idée de l'endroit où se situe le problème, car les mots eux-mêmes font écho à des réseaux de mémoire dysfonctionnelle. Ce ne sont pas seulement les pensées, mais aussi les sensations physiques négatives en rapport avec l'événement premier qui sont stockées dans votre cerveau : tout cela permet d'obtenir des informations importantes sur ce qui se passe en vous.

Prenons l'exemple du thème de la responsabilité : *Je suis fautif.*

Lisez lentement et soigneusement la liste des cognitions négatives ci-dessous. Repérez comment vous vous sentez dans votre corps en lisant ces mots. Avez-vous des sensations physiques désagréables ? Votre respiration a-t-elle changé, devenant plus courte, plus rapide, bloquée ?

Respirez profondément pour laisser s'estomper la sensation désagréable. Prenez le temps nécessaire pour que votre corps retrouve un état neutre. Si besoin, retrouvez votre lieu sûr.

Continuez lentement la liste en notant si votre corps réagit ou pas. Notez chacune des phrases qui provoquent une sensation et prenez de grandes inspirations entre elles.

Ne vous enfermez pas dans ce qui devrait arriver, mais contentez-vous de repérer. Il se peut que vous n'ayez aucune sensation physique, cela arrive.

• Je ne mérite pas d'être aimé.
• Je ne suis pas quelqu'un de bien.
• Je n'ai pas de valeur.
• Je devrais avoir honte de qui je suis.
• Je ne suis pas « aimable ».
• Je ne mérite que les mauvaises choses.
• Je suis affreux (mon corps est horrible).
• Je ne mérite pas de…
• Je suis stupide (ou pas assez intelligent).
• Je ne suis pas important.

- Je ne peux que décevoir les autres.
- Je mérite de mourir.
- Je mérite de rester misérable.
- Je ne peux pas faire partie d'une relation.

Maintenant, explorez votre situation interne.

Quelle cognition négative résonne en vous ? Peut-être plusieurs, peut-être aucune.

Rappelez-vous que les mots de chaque cognition négative ne font que verbaliser l'émotion et votre vécu, qui sont stockés dans vos réseaux de mémoire dysfonctionnelle.

Évoquez ce qui vous a le plus bouleversé au cours des deux dernières années. Est-ce que ces mots correspondent à ce que vous avez ressenti ? Voyez-vous le genre de situations qui provoquent ces réactions négatives ?

> Si c'est le cas, alors vous pouvez vous préparer à mettre en œuvre les techniques d'autocontrôle avant d'entrer dans ces situations, comme le lieu sûr ou les autres techniques détaillées au chapitre 5.
>
> Si vous n'avez pu anticiper, vous pouvez utiliser ces mêmes techniques pour maîtriser les perturbations.
>
> Vous allez petit à petit intégrer le fait que vos réactions négatives ne sont que des réponses prévisibles à la réactivation de vos réseaux de mémoire dysfonctionnelle par la situation présente.
>
> Alors, plutôt que de vous sentir aspiré, vous sentirez assez d'espace de liberté intérieure pour changer de vitesse et sortir de là.

Identifier les souvenirs perturbants

Vous pouvez, si vous le désirez, trouver et reconnaître ces souvenirs qui sont les pierres de touche de vos sentiments négatifs. Vous pouvez pratiquer chez vous cette introspection, mais il est prudent de demander pour cela le soutien d'un thérapeute.

Examiner les cognitions

Les cognitions qui résonnent en vous sont celles qui correspondent le plus aux sentiments désagréables que vous ressentez habituellement : honte, peur, colère tristesse ou solitude. Vous n'avez pas à avoir honte de ces souvenirs non retraités : tout le monde en a !

Pour chaque cognition négative, vous pouvez utiliser la technique du pont d'affect ou du *float-back* (p. 73) pour identifier le souvenir source, en procédant étape par étape. Si ces techniques ne donnent rien, n'insistez pas. Vous y reviendrez plus tard – laissez arriver ce qui doit arriver.

Ne traitez pas plus d'une ou deux cognitions négatives à la fois, que vous trouviez ou pas un souvenir associé. Après chaque exercice sur une cognition, faites en sorte de revenir à un état émotionnel neutre en utilisant votre technique de relaxation respiratoire ou votre lieu sûr.

Étape par étape

Relisez les étapes indiquées dans ce chapitre jusqu'à vous en souvenir par cœur, puis commencez à les appliquer à la première cognition négative de votre liste. Quand avez-vous ressenti cela récemment ? À propos de quel événement ? Gardez cela en tête. (Si aucun événement ne vient, gardez uniquement la concentration sur la croyance négative. Où la ressentez-vous dans votre corps ?)

En pensant à cet incident récent, si vous en avez trouvé un, et à la pensée négative associée – par exemple, pensez les mots : « Je ne mérite pas d'être aimé » –, repérez votre émotion et laissez-vous flotter vers votre enfance. Quel souvenir survient alors ? Notez l'événement récent, la cognition négative et le souvenir dans un carnet, par exemple.

Cotez votre niveau de détresse sur l'échelle de SUD. Comment vous sentez-vous maintenant ? Notez ce que vous ressentez et l'âge que vous aviez quand l'événement est survenu.

La recherche du souvenir

Si rien ne vous vient, gardez en tête la croyance négative et la sensation corporelle puis pensez à vos parents. Si un souvenir précoce surgit : notez-le. Sinon, pensez maintenant à vos frères et sœurs, ou à d'autres membres de votre famille.

Si vous ne repérez toujours pas de souvenir, passez en revue vos professeurs, vos amis, vos voisins, ou n'importe quelle autre personne importante de votre vie. Gardez la cognition négative en tête en pensant à chacun d'eux séparément, les uns après les autres. Notez uniquement quelques mots clés et les souvenirs précoces qui résonnent avec cette cognition négative.

Pensez bien à utiliser régulièrement vos techniques de relaxation respiratoire et votre lieu sûr pour revenir à un état intérieur neutre. Vous pouvez également utiliser la respiration abdominale pour diminuer vos sentiments physiques désagréables (voir p. 71).

S'aimer soi-même !

Si vous avez identifié une cognition négative, associée ou non au souvenir qui la sous-tend, prenez un moment pour ressentir de la compassion pour ce petit enfant que vous avez été et qui a subi cela. Il ne s'agit pas de vous apitoyer sur vous-même, mais simplement d'avoir le même sentiment de compréhension et de tendresse que vous auriez pour n'importe quel enfant blessé.

Chacun de nous est le produit de la façon dont son cerveau travaille et dont il stocke des souvenirs – ce qu'il fait sans notre accord ni notre contrôle.

Enfin, Francine Shapiro recommande d'avoir aussi de la compassion pour qui nous sommes, juste maintenant. Aimez son prochain comme soi-même signifie… commencer par s'aimer soi-même !

CHAPITRE 6

EXEMPLES DE SITUATIONS VÉCUES

Au programme

- L'histoire de Gabriel, grand reporter
- L'histoire de Suzanne, technicienne de laboratoire
- L'histoire de Soraya, agent administratif
- L'histoire d'Alain, un traumatisme intense et unique
- Traumatismes complexes : les poupées russes emboîtées d'Adrien
- L'histoire complexe de Margot

L'histoire de Gabriel, grand reporter

Une histoire de guerre véridique n'est jamais morale. Elle n'est pas instructive, elle n'encourage pas la vertu, elle ne suggère pas de comportement humaniste idéal, elle n'empêche pas les hommes de continuer à faire ce que les hommes ont toujours fait. Si une histoire vous paraît morale, n'y croyez pas.

Tim O'Brien, À *propos de courage*

Une vie scindée

Gabriel a quarante-six ans. Il est marié et père de deux jeunes enfants, Stella, quatre ans, et Jimmy, six ans. Il a fait de brillantes études et s'est orienté très tôt vers le journalisme. Il écrit bien et ses

« papiers » sont appréciés, à la plus grande fierté de son père, lui-même un érudit exigeant qui attend beaucoup de son fils, au point de se projeter en lui – sans doute exagérément.

Quand Gabriel raconte l'histoire de sa vie, il évoque son premier amour, Caroline : un amour intense et prometteur, immense espoir de bonheur brutalement interrompu par l'accident de voiture dans lequel Caroline décède.

Commence alors pour Gabriel une vie scindée : une partie de lui continue de vivre avec le fantôme de Caroline, qu'il aime toujours avec passion, sans se résoudre à admettre sa mort. L'autre partie travaille et bâtit une brillante carrière de journaliste. S'il accepte des missions de plus en plus risquées, ce n'est pas pour se suicider, c'est pour aller retrouver Caroline là où elle est. La nuance peut sembler subtile de l'extérieur, mais pour Gabriel, elle est de taille. Il aime la vie, infiniment, mais son amour pour Caroline brouille son instinct de conservation.

Prises de risques

Gabriel devient un reporter de guerre très apprécié. Il est envoyé par de nombreuses rédactions sur le théâtre des opérations les plus dangereuses : Afghanistan, Gaza, Somalie… Avec son caméraman, qu'il ne quitte jamais d'un pouce durant les prises de vue risquées, il rapporte des reportages étonnants, au réalisme ravageur.

Il sait qu'entre le journaliste et le caméraman, c'est ce dernier qui risque le plus quand les balles fusent au-dessus de leur tête : on vise toujours celui qui porte l'instrument ostensible de sa profession. L'éthique de Gabriel lui interdit de laisser son collaborateur seul devant le danger. Inconsciemment, il attend la balle qui le ramènera vers Caroline. Personne ne sait cela, ni ses patrons, ni ses lecteurs… et à peine lui-même.

Il assiste avec une déconcertante décontraction à des situations d'une rare violence : des militaires qui tuent un enfant qui jouait au-delà de la ligne qu'ils avaient arbitrairement fixée ; un hélicoptère de combat qui fait exploser un véhicule passant sur la route sans vérifier l'identité des occupants ni même leurs intentions hostiles.

Gabriel se montre non seulement courageux, mais généreux. Il n'hésite pas, quand il en a l'occasion, à prendre la défense d'un homme humilié, d'un enfant malmené. Tout cela au risque de sa vie. Ce faisant, il reste « zen », « cool », et force l'admiration de ceux qui l'approchent sans se douter du drame qui se joue au fond de lui.

Tous ces événements, qui auraient traumatisé durablement des plus durs à cuire, semblent glisser sur lui. Sa réputation lui fait gravir rapidement les échelons de la notoriété professionnelle, pour le plus grand bonheur de son père, qui guette une à une toutes les récompenses que son fils décroche.

Un jour, Gabriel rencontre celle qui deviendra sa femme et la mère de ses deux enfants. Le deuil de Caroline est en voie de se terminer, mais un événement va déstabiliser ce fragile équilibre.

Le traumatisme

Janvier 2011 : la situation en Égypte se dégrade. On demande à Gabriel de s'y rendre en urgence. D'habitude, il ne part pas sans avoir bien préparé ses reportages, mais on insiste, et il n'ose pas refuser ni négocier un délai de quelques jours de préparation. Il prend l'avion à contrecœur. L'avenir ne démentira pas ce mauvais pressentiment.

Le voilà dans une rue du Caire avec Paul, son caméraman. La foule se fait menaçante. On ne se parle bientôt plus, et les rumeurs exacerbent les fantasmes. On cherche des boucs émissaires : ces deux journalistes étrangers vont faire l'affaire. Dans une bousculade inimaginable, Gabriel est menacé par une foule brandissant des armes blanches. Il pratique les sports de combat, mais sait que seul contre cent, il n'a aucune chance. Il finit par s'en sortir par miracle, et découvre alors, à quelques pas de là, son caméraman entouré d'un groupe compact et hostile. Sans réfléchir, il se précipite et cherche à écarter les hommes qui s'agglutinent autour de son ami pour lui faire la peau.

Ses efforts sont vains : le cercle est infranchissable. Il distingue à peine, au milieu du groupe compact, le sang qui gicle. Il n'apprendra que plus tard que Paul s'en sortira, bien que grièvement blessé par un coup de poignard. La culpabilité de Gabriel de n'avoir pas réussi à le tirer de là est immense.

Il lui faut ensuite regagner son hôtel, alors que la mort l'attend à chaque pas : il met deux heures à franchir les cinq cents mètres nécessaires pour être à l'abri.

Professionnel, Gabriel refuse le rapatriement et reste à son poste au Caire. Quelques jours après, les violences reprennent place Tahir. On ne sait plus qui massacre qui, ni pour quelle raison. Gabriel est là, qui filme cette ultraviolence. Bien sûr, un journaliste doit témoigner, mais que dire de plus devant ces hommes qui font exploser à coup de pierre le crâne de leurs adversaires ?

Des milliers d'hommes, durant des heures, vont marteler les confins de la cruauté humaine. Les images sont dans la boîte, mais pour dire quoi ? À qui ?

Un difficile retour

Gabriel revient de son reportage en Égypte, un peu remué quand même, et plus tellement cool. Peu à peu, l'enfer va s'installer dans sa tête. Il se croyait fort et se découvre fragile. Il se pensait cool et se voit stressé en permanence. Il a perdu son insouciance, dort peu, a mal à la tête, fait des malaises inexplicables « médicalement ». Il devient susceptible, agressif, s'emporte parfois pour un rien. Des crises d'angoisse le terrassent tous les jours. Il se surprend à avoir le fantasme de frapper sa fille à coups de pied. Des images de violence font irruption dans son imaginaire.

On lui propose un poste très important, qu'il se sent obligé d'accepter, mais qu'il a le plus grand mal à assumer. Sa compétence professionnelle n'est pas en cause, il est même au sommet de la reconnaissance que ses pairs peuvent lui porter. Il est tout simplement l'ombre de lui-même.

Il se reconnaît dans la souffrance de Robert Capa telle que la relate Susana Fortes dans *En attendant Robert Capa* : le grand reporter de la guerre d'Espagne raconte le même genre d'angoisse que lui, alors que chacun s'extasie sur la qualité artistique de ses clichés.

Gabriel ne souhaite pas se suicider, mais la mort lui rôde autour, et sa douleur morale est immense, d'autant plus ingérable qu'il a « tout pour être heureux », la sécurité matérielle et surtout une épouse aimante, une famille proche et attentionnée.

Découverte de l'EMDR

Ce n'est qu'en août 2012 qu'un ami lui conseille de tenter une approche par l'EMDR, car son bilan médical est rigoureusement normal.

Deux angles de travail

Il fallut décider par quelle « cible » commencer. Ce plan de ciblage ne retint pas en priorité la mort de Caroline, qui nécessita certes un deuil prolongé mais semblait désormais suffisamment en arrière-plan. Deux cibles furent donc choisies pour commencer.

D'une part, la tentative finalement vaine d'aller sauver Paul des mains des attaquants. La trajectoire de travail alla de « Je suis coupable » à « Je ne suis pas coupable, j'ai fait ce que j'ai pu ».

D'autre part, la sauvagerie des combats de la place Tahir. Ici, la culpabilité était d'un autre ordre. Elle rejoignait l'incohérence du simple fait d'être là et de continuer à filmer sans autre raison que d'honorer la commande d'une rédaction tranquillement installée à des milliers de kilomètres. Au cœur de cette inhumanité terrifiante, Gabriel ne trouvait pas (et pour cause !) sa place de journaliste, et même pas d'être humain. Il n'arrivait pas à faire la différence entre « lui » et « eux ».

Il a dû passer de la cognition « Je suis comme eux, incapable de canaliser ma violence », et même « Je suis mauvais », à la pensée « Je suis un être humain civilisé, et je peux protéger les plus faibles », et enfin « Je suis quelqu'un de bien ».

Un travail éprouvant

Ses émotions furent au début très embrouillées, mêlant la peur, la honte, la colère, le désarroi total, l'impuissance rageuse… Ses sensations physiques concernaient principalement sa tête, surtout d'un côté – comme si les coups allaient venir de là. Des coups, ou une balle de fusil… ou… ou bien ?

La main de son père !

Le souvenir

Contre toute attente, au milieu de reviviscences de scènes d'une violence insoutenable, il lui revint tout à coup, au cours d'un set de stimulations bilatérales alternées, un souvenir incroyable – et parfaitement anodin.

Il a treize ans. Son père lui fait réciter ses déclinaisons latines. Il se revoit encore, assis en contrebas de son père, peut-être sur un tabouret, ou à même le sol. Comme il accumule erreurs et oublis, son père lui décoche une gifle, une « calotte », comme on disait à l'époque. Pas très fort, peut-être seulement un geste destiné à le stimuler. Mais un coup quand même, un coup que Gabriel considère comme injuste et devant lequel il lui est impossible de se rebeller, comme si les « grands » pouvaient impunément abuser de leur pouvoir.

Et voilà Gabriel, au cours de sa séance de thérapie, assommé par cette prise de conscience : il n'arrive pas à supporter l'injustice que représente l'abus de pouvoir du plus fort envers le plus faible. Que ce soit un père face à son adolescent dont la faute est si bénigne, ou l'excité de la place Tahir, aveuglé de haine et fasciné par le pouvoir de son fusil ou de son caillou.

Durant plusieurs séances, Gabriel va retraiter parallèlement ces deux événements, qui se sont emboîtés dans son psychisme : le geste de son père lui faisant réciter son latin, et l'horreur sanguinolente des massacres de la place Tahir. Une violence dont il fut à la fois victime et témoin impuissant, avec d'égales conséquences.

La réussite du retraitement

Le travail psychique de Gabriel lui permit de « ré-étalonner » ses propres valeurs. Oui, il avait décidé de vivre, et de vivre paisiblement. Non, les forts n'ont pas le droit d'abuser de leur pouvoir, même s'ils ont un fusil entre les mains, même s'ils ont l'autorité parentale sur leur fils de treize ans.

Il chercha et finit par trouver le sens qu'il voulait, lui, donner à sa vie. Réclamant un droit d'inventaire par rapport à son éducation, il fit le point sur ce qui était vraiment important pour lui, même si cela devait le mettre en décalage avec sa famille d'origine.

Au fil des séances, les images terribles s'estompèrent. Il cessa peu à peu de sentir sa jambe tentée de partir vers l'avant et de frapper sa petite Stella. Son corps s'apaisa. Les malaises s'espacèrent, les émotions se stabilisèrent. Les images violentes furent remplacées par d'autres plus paisibles : pagayer sur un lac au Canada, avec sa famille et son meilleur ami. Préparer un reportage sur l'histoire des Indiens d'Amérique, un sujet qui l'anime depuis longtemps et qu'il n'avait jamais eu le temps de mener à bien.

Il décida de ne plus risquer sa vie, même pour un reportage.

À ce jour

Après onze séances, Gabriel se sent encore un peu fragile. Il a besoin d'un contact régulier avec son thérapeute, mais de manière plus espacée qu'au début. Il découvre qu'il peut se mettre en colère quand c'est justifié. Avant, il ne prenait jamais ce risque, pour conserver son image de type cool.

Il ne craint plus d'être débordé par sa propre violence, car il s'est construit son propre système de valeur, puissant et respecté. Il continue d'aimer et d'admirer son père, mais il lui téléphone un peu moins qu'avant ; il s'est recentré sur lui-même et sa propre famille.

Et il peut repenser à ses cours de latin, autant qu'à la place Tahir, sans émotion exagérée. Tout cela est stocké dans sa mémoire historique. Le souvenir du traumatisme a évolué, il se transforme, s'éloigne, devient flou, perd de sa charge douloureuse, a trouvé un début et une fin.

Le regard qu'il porte sur l'événement a changé, sa façon de le percevoir aussi. Ses émotions et ses sensations sont dans l'ici et maintenant, car une leçon de vie a été tirée de ce qui s'est passé, comme lors de tout apprentissage.

Gabriel est sorti de son vécu de victime, et son avenir lui appartient en propre.

L'histoire de Suzanne, technicienne de laboratoire

La cause de symptômes n'est pas forcément un traumatisme énorme, en rapport avec une catastrophe naturelle ou une agression physique. Souvent, il s'agit d'humiliations infligées dans l'enfance ou l'adolescence. Même si chacun d'entre nous peut rêver de changer quelque chose dans son corps, certains peuvent être profondément troublés par leur apparence.

Un complexe physique

Ainsi de Suzanne. À trente et un ans, elle est en arrêt de travail depuis un an car elle trouve que ses collègues la regardent d'un air méprisant. Elle se sent rejetée et est persuadée de savoir pourquoi : malgré toutes ses tentatives d'épilation, elle trouve qu'elle est trop poilue, alors même que les médecins n'ont pas retenu pour elle le diagnostic d'hirsutisme.

Elle s'habille en permanence de vêtements couvrants et ne se risque à aucune situation sociale qui l'exposerait au regard des autres.

Malgré un traitement psychiatrique musclé à base d'antidépresseurs et d'anxiolytiques, Suzanne ne va pas mieux depuis son adolescence. Elle a tenté deux fois de mettre fin à ses jours.

Moqueries

Était-ce vraiment drôle de la part de ses collègues de déposer bien en vue sur son poste de travail, avant qu'elle n'arrive, un rasoir ?

Au cours de la thérapie EMDR, le souvenir suivant lui revint en mémoire : à douze ans, dans le vestiaire de la salle de sport, elle a entendu fuser des remarques moqueuses sur sa pilosité. Avait-elle un léger duvet sur la lèvre supérieure qu'on lui attribuait le sobriquet de « femme à barbe ». Quelques années plus tard, un médecin lui dit qu'elle avait une implantation pileuse de type « masculin ».

Inutile de préciser que Suzanne eut toujours trop honte de son corps pour accepter les avances d'un garçon. La simple idée de se déshabiller devant un homme lui faisait presque perdre connaissance.

Le traitement

Il fallut trois séances à Suzanne pour se rappeler l'épisode du vestiaire de sport. Les premières cibles traitées furent les déclencheurs actuels en rapport avec la croyance négative : « Je suis repoussante », la positive étant « Je peux être attirante ».

Comme tous les réseaux de mémoire sont interconnectés, même si l'on ne se souvient pas de l'événement primitif, l'exploration peut être fructueuse. La libération des symptômes est parfois derrière la porte !

L'histoire de Soraya, agent administratif

Soraya[2], vingt-huit ans, est adressée par la psychologue de la maternité où elle a été suivie. Elle explique qu'elle lutte perpétuellement contre une dépression.

Crises d'angoisse

Ce sentiment est apparu progressivement depuis une dizaine de mois, après une fausse couche tardive subie 24 heures après sa visite du sixième mois. Les semaines suivantes, elle a ressenti des crises d'angoisse, qui ont cessé depuis. Aucun traitement antidépresseur ne lui a été prescrit.

Paradoxalement, Soraya ne présente aucune expression de tristesse ou d'anxiété apparente au cours du premier entretien. Elle dit par exemple ne pas craindre d'être à nouveau enceinte.

Elle décrit son mari, absent lors des différents rendez-vous, comme très distant par rapport à cette première grossesse : il s'est tenu éloigné de tous les préparatifs concernant l'enterrement du bébé.

Souvenirs imprécis

Ni l'un ni l'autre n'ont souhaité le voir (ou voir sa photo) après la « naissance ». Dans l'ensemble des propos de Soraya, les souvenirs restent lointains, peu de détails lui reviennent.

Cette fausse couche tardive a été suivie dix mois plus tard d'une fausse couche spontanée. Cette fois, Soraya se souvient d'avoir ressenti une plus grande souffrance, un désarroi plus important : pour étonnant que cela paraisse, elle affirme avoir vécu cette seconde fausse couche plus douloureusement que la première. Pourtant, son récit est tout aussi rapide, comme si elle survolait de loin cet événement de son passé.

---

2. D'après Eric Binet, psychologue clinicien. Récit original paru dans *Réalités en gynécologie-obstétrique*, n° 161, mars/avril 2012. Cas publié ici avec son aimable accord.

Le traitement

Trouble dissociatif

La passation de l'échelle PCLS (évaluation des états de stress post-traumatique) confirme que la fausse couche tardive a eu un impact traumatique sur Soraya, avec un score de 45 (seuil à 44). Cet autoquestionnaire demande aux patients de dire à quelle fréquence des problèmes ou symptômes ont été perturbants le mois précédent (1 = pas du tout, jusqu'à 5 = très souvent).

Pour Soraya, ce score est vraisemblablement minimisé par des phénomènes dissociatifs, tous les éléments en lien directement avec le souvenir étant rarement considérés comme perturbants.

Cette forme d'indifférence sera très prégnante dans ses propos et son comportement jusqu'à la phase 4 de désensibilisation avec les SBA. Mais en dehors de l'événement, la patiente obtient des scores élevés en termes de perturbation : se sentir distante ou coupée des autres personnes (5/5), perte d'intérêt dans des activités qui habituellement vous faisaient plaisir (4/5), difficultés d'endormissement (4/5), irritabilité ou bouffées de colère (4/5).

L'hypothèse diagnostique d'un trouble dissociatif sera vérifiée par la suite quand la patiente passera de la perception de la fausse couche dissociée d'elle-même (comme si cela était arrivé à quelqu'un d'autre : « comme si je regardais de l'extérieur ») à une autre perception d'elle-même, au cours de la première séance d'EMDR. Elle aura le sentiment de revivre l'expulsion du fœtus avec de fortes réactions émotionnelles associées à des sensations physiques, réintégrant ainsi l'expérience traumatique.

Préparation progressive

Un travail d'introduction a permis de se préparer à cette étape de « désensibilisation ». Suite aux entretiens préalables, une séance a été nécessaire pour familiariser Soraya aux SBA en travaillant sur un souvenir agréable et rassurant. Cette étape est primordiale et nécessite parfois d'être allongée, quand des patients sont émotionnellement en risque de décompensation si l'on aborde trop rapidement et trop directement des souvenirs traumatiques.

Dans le cas présent, on a pu se rendre compte que la patiente disposait de ressources et d'un équilibre émotionnel suffisant pour aborder assez rapidement le souvenir de la maternité.

Identification de la cognition négative

Sans entrer dans le détail des deux séances d'EMDR qui ont suivi, précisons que l'étape suivante a consisté à repérer l'aspect le plus douloureux que revêtait pour elle ce souvenir au moment où elle était en séance. Ensuite, il fallut trouver la cognition négative associée à cette image.

« Je suis seule et abandonnée » résonnait fortement : une peur était présente en elle lorsqu'elle y repensait, et elle ressentait une sensation gênante dans l'œsophage.

Cependant, son niveau de perturbation était assez bas (5 sur une échelle de 10, où 10 représente le niveau de perturbation maximale). Mais cela n'avait rien de surprenant : ce niveau moyen indiquait que les informations en lien avec la fausse couche étaient stockées de façon inappropriée dans un réseau de mémoire bloqué.

La désensibilisation

Le début du travail de désensibilisation avec les SBA l'amena à retrouver quasi immédiatement les lieux et les personnes présentes au moment de son arrivée en salle d'attente aux urgences. Très vite, la suite du scénario redevint accessible. Toute la complexité de la situation lui revint, jusqu'à une réaction émotionnelle très forte lorsqu'elle se revit expulser le fœtus. Ce moment de reviviscence marqua l'apogée de l'état de perturbation dans lequel elle était. La fin de la séance et la suivante l'amenèrent à trouver une plus grande sérénité et un niveau de perturbation égal à 0.

Cela signifiait qu'elle ne ressentait plus comme vrais les mots « Je suis seule et abandonnée ». Les mots « Je suis entourée de personnes qui m'aiment » lui semblaient plus justes. De même, elle ne ressentait plus ni peur ni sensation physique gênante à l'évocation de ce souvenir.

Trouver les mots

Une fois libérée de cette détresse jusque-là indicible, elle arriva à parler de sa fausse-couche en l'associant à ses croyances religieuses. Ses propos ne reflétaient plus de perturbation émotionnelle, la confiance en une future grossesse se renforça progressivement. Cela a été l'occasion de prolonger cette première étape du travail en l'amenant à se projeter dans une situation future où elle serait amenée à se retrouver à la maternité.

Les aspects perturbants qui ont alors pu ressortir de ce projet ont été l'occasion de terminer le travail thérapeutique.

Les effets du traitement

Pour Soraya, le vécu de détresse et d'impuissance au moment de l'expulsion du fœtus a été le noyau central du souvenir traumatique : elle n'imaginait pas qu'il pouvait y avoir de moyen de lutter ou de fuir. Seules la peur et la douleur ont dominé.

Rendre le contrôle à une personne dans ce genre de situation revient d'abord à l'amener à considérer ses réactions comme normales face à une situation que son psychisme ne pouvait que considérer comme anormale.

Cette phase de stabilisation, au début du travail thérapeutique, nécessite parfois des conseils et des explications qui peuvent aider à comprendre l'impuissance et la paralysie dans lesquelles le patient a pu se trouver à un moment donné.

Conformément aux résultats décrits dans plusieurs études contrôlées, on a pu constater chez Soraya une rémission de l'état de stress post-traumatique en trois séances, les chiffres moyens étant de 77 % à 100 % de rémission après trois à six séances. Enfin, les troubles dissociatifs de cette patiente, avec ce détachement (indifférence) notoire, auraient pu conduire à un temps plus long de stabilisation. Mais dans son cas, l'environnement social et familial était suffisamment soutenant, et la jeune femme était capable d'appeler à l'aide en cas de besoin. L'évaluation du potentiel de dissociation réalisé au premier entretien n'avait pas permis de révéler des troubles trop complexes.

Différentes pistes

Si une fausse couche tardive est un drame dans la vie d'une femme, elle l'est très différemment d'une femme à l'autre. Pour certaines, ce sera la perte d'une grossesse, pour d'autres, la perte d'un enfant. Diminuer la douleur de ce deuil nécessite parfois plus que la reconnaissance de la souffrance par l'entourage. Si la médecine peut trouver des remèdes chimiques, il est important de ne pas négliger les séquelles psychologiques.

L'histoire d'Alain, un traumatisme intense et unique

L'agression

Alain a trente-quatre ans, il est cadre dans une entreprise d'informatique. Il est marié et père de deux enfants encore jeunes. Sa maison, entourée d'un petit jardin, est belle sans être luxueuse.

Ce soir-là, quand il rentre chez lui, vers 20 heures, il fait déjà nuit. Il sait qu'il passera la soirée seul, car sa famille dîne chez sa belle-sœur : les enfants sont si heureux d'aller dormir chez leurs cousins !

Mais un détail intrigue Alain avant même qu'il n'entre dans sa maison : il voit de la lumière à l'intérieur, et des ombres qui vont et viennent. Il est inquiet, mais entre néanmoins vaillamment : le porte-parapluies est tombé. Il est aussi étonné de ne pas entendre le chien, qui lui fait la fête chaque soir depuis des années. L'angoisse l'étreint, maintenant.

C'est alors que deux hommes cagoulés font irruption devant lui. Il fait brutalement demi-tour et se précipite vers sa voiture, poursuivi par les deux malfrats. Comme dans un film, il se voit démarrer en trombe pour échapper à ses poursuivants. Mais il doit faire marche arrière et percute violemment une souche d'arbre que le jardinier n'avait pas terminé d'enlever. La voiture cale, les assaillants sont à la porte de sa voiture.

Ils l'en extirpent sans ménagement, le jettent par terre et le rouent de coups. L'un est armé d'un fusil à pompe, l'autre d'une batte de base-ball, crantée pour être plus blessante. Alain parvient néanmoins à se relever. Il se met à courir pour échapper à ses bourreaux et bute sur le chien allongé par terre, endormi par un gaz soporifique.

Il ne réfléchit plus, court en zigzag en hurlant le nom de son voisin, dont les fenêtres sont fermées. Il est poursuivi quelques instants et continue sa course même si du sang coule dans ses yeux.

Puis revient le silence de la campagne : il est hors de danger.

Au matin, on retrouvera sa maison dévastée, mais pas volée : l'argent, les bijoux ont été laissés par les malfaiteurs. La gendarmerie pense qu'il s'agit peut-être d'une erreur sur la personne et que les agresseurs devaient chercher quelque chose.

Le traumatisme

Désormais, Alain va devoir se reconstruire peu à peu.

Il consulte une semaine après l'agression. Il est angoissé et a du mal à se concentrer, sa mémoire connaît des éclipses. Irritable et agressif, il présente tous les signes d'un syndrome de stress post-traumatique.

Son médecin lui a prescrit des tranquillisants et un somnifère, en lui recommandant d'arrêter dès que possible pour éviter la dépendance. Pas facile pour lui de supporter cette douleur dans le ventre, une sorte de barre à l'estomac qui lui coupe parfois la respiration.

Il s'est replié sur lui-même et ne peut plus entrer en relation avec sa famille ou ses amis : il est dans une coquille de souffrance et de solitude. Alain se sent épuisé, inutile, faible… En fait, il a honte, mais ne sait pas trop pourquoi. Il sait, bien sûr, qu'il n'aurait physiquement pas pu faire face à ces deux hommes armés et déterminés. Alors pourquoi cette culpabilité ?

Le traitement, pas à pas

En discutant avec Alain, on s'aperçoit qu'il est comme coupé de lui-même. Il est loin de ses émotions intimes et ne parle guère spontanément. Il confie que personne ne pourra le comprendre – alors à quoi bon s'exprimer ?

Raconter autrement

Alain est trop bouleversé pour entamer un protocole EMDR standard. Il va commencer par raconter l'événement. Une fois de plus, certes, mais cette fois dans le cadre d'un lien thérapeutique.

Il commence par trouver son lieu sûr : la cuisine de la maison de son enfance, au soleil, devant un chocolat chaud.

Il s'arrête dans sa narration dès qu'il sent une perturbation physique, un malaise, une émotion désagréable. Des sets de stimulation bilatérale alternée, à chaque fois, lui permettront de s'apaiser. Le récit avance lentement, ponctué par les pauses de SBA, de respiration profonde… Arrivé au bout, Alain peut recommencer du début, mais cette fois avec moins d'angoisse.

La désensibilisation

Lors des séances suivantes, Alain arrive plus apaisé. Il va pouvoir désensibiliser l'événement traumatisant qu'il a vécu. Il y aura le danger, bien sûr, et la cognition négative « Je vais mourir » à laquelle il substituera « Je vais m'en sortir », puis « Je ne suis pas mort, je suis en sécurité ».

Il lui faudra travailler aussi sur un autre registre : celui de l'estime de soi, car il considère ne pas avoir été à la hauteur : il aurait dû… réagir plus vite, riposter plus vigoureusement, faire autrement. Il aurait dû… tant de choses ! Il passera finalement de « Je ne suis pas à la hauteur » à « J'ai fait ce qu'il fallait », puis à « Je suis quelqu'un de bien ».

Enfin, Alain a dû affronter la délicate question du sens : pourquoi est-ce à lui qu'on s'en est pris ? À ce jour, l'enquête n'est pas terminée, et personne ne connaît le fin mot de l'histoire.

Les effets du tr

Mais Alain, grâce à la thérapie EMDR, a réussi à affronter intérieurement les récifs escarpés de l'absurde. Par associations successives, il a rencontré la colère et la protestation, puis la rage impuissante, puis le désespoir devant l'incohérence.

Peu à peu, son cerveau a commencé à traiter l'information de façon adaptative. Il s'est rendu compte que rien ni personne ne peut être tenu à l'abri du sort, qu'il ne peut pas tout contrôler dans sa vie, même si cela l'insécurise, mais qu'il peut faire en sorte de se protéger en amont, et que, finalement, il s'en tire bien : il n'est pas mutilé ni gravement blessé, et son assurance a limité les dégâts financiers.

Une conclusion positive

À sa grande surprise, Alain est finalement capable de voir la situation positivement et d'en tirer des leçons pour l'avenir : des leçons pragmatiques sur la façon de se protéger, mais aussi des leçons humanistes en rapport avec l'humilité, le lâcher-prise et l'espoir dans l'avenir.

Six séances d'une heure à une heure trente ont suffi pour l'aider à retraiter ce souvenir. Il s'agissait d'un traumatisme certes intense, mais unique : cela explique la rapidité et l'efficacité du traitement.

Traumatismes complexes : les poupées russes emboîtées d'Adrien

Adrien a trente-huit ans. Militaire de carrière, il a servi près de dix ans dans l'armée de Terre et a été décoré en Afghanistan. À son retour, il a développé un état de stress post-traumatique avec une forte dimension dépressive. Son médecin a fait le bon diagnostic et a suggéré une thérapie EMDR.

Les symptômes

t au cours du mois qui suivit son retour à la maison, deux vant le début de sa thérapie, qu'il dut faire face à de graves èmes psychiques, essentiellement des images en rapport avec des combats qui faisaient irruption dans son esprit et s'imposaient à lui. Cela pouvait arriver quand il faisait les courses au marché, jouait avec sa fille ou faisait l'amour avec sa femme.

Insomniaque, hanté par des cauchemars anxiogènes, il se montrait irritable et pouvait se mettre à pleurer tout à coup, sans raison apparente. Il traînait sa fatigue et des douleurs abdominales à longueur de journée. De plus, il se décrivait comme tendu en permanence, sur ses gardes, en hypervigilance et sursautant au moindre bruit.

Le traumatisme

Parmi tous les souvenirs qu'Adrien avait à retraiter, un avait une importance toute particulière.

Le 19 août 2008, il fut pris dans une embuscade dans la vallée de l'Uzbin. Dix soldats français y périrent, et plusieurs dizaines furent blessés. C'est au cours de ce combat qu'il vit l'un de ses camarades sacrifier sa vie pour tenter de secourir un blessé. Hélas, tous deux périrent, et c'est abrité des balles sous un rocher qu'Adrien les entendra agoniser durant une heure.

En racontant cette terrible histoire, Adrien ne put contenir ses larmes. Il baissa la tête et la prit entre ses mains tremblantes.

Il n'avait pas à proprement parler d'envies suicidaires, mais il se demandait comment il pouvait continuer à vivre avec cette culpabilité et cette honte intense d'avoir survécu.

Le souvenir

En utilisant la technique du pont d'affect, Adrien retrouva un sentiment analogue dans son passé, un événement arrivé alors qu'il avait six ans.

Il était en vacances avec son cousin, alors âgé de quatre ans, et ils jouaient tous les deux près d'un étang. Alors qu'il se doutait que c'était interdit, Adrien avait proposé à son cousin de monter dans la barque pour jouer « aux pêcheurs ».

La barque à fond plat chavira, tout près du bord, et les deux enfants se retrouvèrent à l'eau. Adrien, qui avait pied, put regagner la terre ferme. Voyant que son cousin n'arrivait pas à faire de même, il essaya de l'agripper. En vain. Il courut chercher de l'aide, et on finit par arriver, mais trop tard.

Adrien ne fut pas grondé, mais le décès de son cousin resta enfoui au plus profond de lui-même.

L'apport de la thérapie

En thérapie, Adrien parvint à retrouver l'analogie entre les deux situations : son impuissance à sauver la vie de ceux qui lui étaient chers. Terrassé par des émotions incontrôlables, Adrien reçut l'aide adéquate pour les canaliser.

Il intégra peu à peu le fait que ces émotions n'étaient ni anormales, ni la marque d'une faiblesse de caractère, mais au contraire la preuve qu'il était sensible, donc bien vivant.

Il utilisa les techniques utiles pour s'apaiser, se calmer et faire face : respiration, relaxation, visualisation, retour à son lieu sûr…

Circonscrire le malaise

Adrien a appris à circonscrire son malaise en imaginant qu'il mettait dans un coffre-fort mental, un container blindé, toutes les émotions, pensées et sensations désagréables qu'il ne pouvait assumer sur le moment pour venir les « rechercher » plus tard, dans le lieu adéquat, en étant accompagné.

Il a téléphoné régulièrement à son thérapeute, entre les séances, pour se sentir en lien, et a travaillé sur la cognition négative : « Je suis coupable ».

Retrouver l'estime de soi

Les huit phases du protocole EMDR lui ont permis de découvrir en lui qu'il était capable de relire ces situations avec l'idée qu'il n'est pas tout-puissant, que la mort fait partie de la vie et qu'il n'avait commis aucune faute.

Il a fini par valoriser en lui sa capacité à se réjouir des plus infimes moments de la vie, et s'est appuyé sur cette ressource pour apprendre à faire des deuils et à accepter ses émotions, tout en gardant l'estime de lui-même.

Les symptômes post-traumatiques ont disparu en quelques semaines et n'ont toujours pas réapparu, deux années après.

L'histoire complexe de Margot

Margot a vingt-six ans. Elle est officiellement étudiante, mais reste la plupart du temps chez sa mère et quitte rarement sa chambre. Elle se décrit comme solitaire et déprimée, n'a pas d'amie et encore moins de petit ami.

De nombreux « petits » traumatismes

La vie de Margot ne permet pas d'isoler un traumatisme unique, majeur, typique, mais plutôt une accumulation de « petites misères », d'humiliations, de paniques, d'incompréhensions, d'agressions secrètes.

Déchirement familial

Margot est fille unique et ses parents ont divorcé quand elle avait trois ans. Elle entend depuis toujours sa mère évoquer devant elle le fait que « tout allait bien avant sa naissance, mais que son père ne la supportait pas ». Pas difficile d'en conclure qu'elle était responsable du désastre conjugal, même si ce jugement n'a jamais été spécifié explicitement.

La petite, comme beaucoup d'enfants de divorcés, fait de fréquents aller-retour entre les domiciles de ses parents, et la plupart du temps, elle est chargée par l'un de transmettre un message à l'autre : « tu diras à ton père... » ; « tu répondras à ta mère... » !

Les problèmes touchant à l'argent, l'organisation, les reproches, la violence... tout cela la dépasse, mais elle s'implique vaillamment dans une action qui, espère-t-elle, finira par rapprocher ses parents. Combien de temps met-elle pour finir par accepter que cela n'arrivera pas ?

Poison maternel

Sa mère est dépressive, cynique, amère. Elle voit tout en noir : le monde, l'avenir et les gens. Elle sait distiller des malédictions et des anathèmes, même à propos de sa propre fille, à qui elle ne promet que malheur et déréliction : par quel miracle cette petite fille ferait-elle mieux que sa mère ?

Ce poison distillé chaque jour, Margot ne peut s'en dégager facilement, car elle est comme happée par l'attraction de la sphère maternelle. Le message qu'elle reçoit est un mélange de « ne grandis pas », « ne sois pas toi-même », « ne sois pas une enfant » et même « n'existe pas[3] » !

---

3. Cette formulation est empruntée à l'analyse transactionnelle, qui repère une douzaine de messages inhibiteurs (les injonctions) pesant sur la personne dans le cadre de son scénario de vie.

Des effets dévastateurs

Margot s'est inconsciemment donné comme mission de sauver sa mère de la dépression et de lui faire retrouver un peu de joie de vivre. Elle s'interdit de manifester sa joie enfantine, cherche à faire plaisir, à ne pas déranger.

Elle n'envisage pas, l'adolescence venue, de s'opposer ou même de manifester quelque comportement que ce soit qui soit susceptible de blesser sa mère. Pas question pour elle non plus de s'aventurer vers des garçons, impressionnée qu'elle est par la colère maternelle contre tous les hommes. D'autant que son cousin, de deux ans son aîné, a pratiqué sur elle des attouchements quand elle avait neuf ans. C'est arrivé deux ou trois fois, sans violence ni menace, et l'on pourrait presque parler de jeux sexuels entre enfants, mais Margot en fut néanmoins très déstabilisée et surtout n'en a parlé à personne.

De plus, Margot a servi de confidente à sa mère, qui trouvait que c'était là le comble de la proximité que de livrer à sa fille ses états d'âme, ses doutes, ses frustrations, ses ressentiments…

Toute l'enfance de Margot était tendue vers le désir de faire en sorte que sa mère puisse sourire enfin. Réussir à l'école, se montrer gentille et complaisante, ne pas peser avec ses propres besoins… Tout cela en vain, dans la mesure où sa mère s'enfonçait avec détermination dans une humeur dépressive d'autant plus stable qu'elle était « compensée » quotidiennement par son petit soleil de Margot.

Du coup, celle-ci se trouvait coincée dans un conflit de loyauté dans lequel elle avait à trancher un dilemme : si elle grandit, se développe et s'affirme, elle va quitter sa mère, qui risque de se sentir abandonnée. Si elle ne veut pas que sa mère se sente aban-donnée, elle s'impose de rester petite, fragile, et surtout près d'elle.

Dureté paternelle

Un week-end sur deux, et durant la moitié des vacances, Margot va chez son père. Si sa mère est triste, son père, lui, passe son temps à être en colère. Il est furieux, frustré, et agressif à longueur de temps. Il a une nouvelle compagne, mais les relations avec elle sont orageuses, et surtout, cette belle-mère n'aime pas Margot du tout. Comme celle-ci ne vient pas souvent, son lit est dans la buanderie, où ça ne sent pas très bon. Quand Margot se sent seule, fragile, agressée, elle ressent des nausées, et va même jusqu'à vomir.

Une nuit, chez son père, elle ose le réveiller car elle a mal au cœur. C'est la « méchante » marâtre qui se lève et l'envoie sans ménagement vomir aux toilettes.

Affolée, frigorifiée, Margot se retrouve pieds nus sur le carrelage des WC. Elle se penche sur la cuvette pour vomir, et là, horreur ! Les toilettes n'ont pas été nettoyées depuis longtemps, et ce que Margot voit et surtout sent la rebute violemment. Elle veut s'en aller mais se sent paralysée : où aller ? Et surtout, où vomir ?

Des répercussions à long terme

L'événement peut sembler mineur, mais il marquera Margot durablement. Encore maintenant, elle a la phobie de vomir. Et si des nausées incontrôlables survenaient quand elle est hors de chez elle ? ou en train de parler avec quelqu'un ? Non, décidément, elle n'est en sécurité que dans sa chambre, chez sa mère.

L'approche thérapeutique

Pour le thérapeute EMDR, il n'est pas facile de repérer ici un événement à retraiter en particulier : il semble y en avoir tant ! Tout se passe comme si Margot n'avait pas eu les ressources nécessaires pour construire sa croissance psychologique et relationnelle. Comme empoisonnée par une ambiance délétère, elle n'a réussi qu'à survivre sans pouvoir élaborer les points forts du passage à l'âge adulte.

Un travail de longue haleine

Il est évident que dans ce cas, la thérapie sera plus longue que pour un traumatisme unique ! Il sera nécessaire de faire appel à plusieurs éléments thérapeutiques destinés à aller dans le même sens :

- favoriser une alliance thérapeutique, afin que Margot arrive à accepter le fait que le thérapeute n'est pas un ennemi qui veut l'arracher à sa mère, mais un allié capable de l'aider à grandir et aller sur le chemin de sa propre vie ;
- l'aider à exprimer et en même temps contenir ses émotions profondes, afin de faire la différence entre les affects dépressifs de sa mère, qu'elle a incorporés comme en copié/collé, et les siens propres ;
- lui permettre de reconnaître sa colère, en rapport avec les injustices et préjudices qu'elle a subis tout au long de sa vie ;
- soutenir son estime d'elle-même et l'affirmation de sa légitimité à être et grandir ;
- utiliser les techniques de relaxation et d'apaisement émotionnel.

Une fois l'alliance thérapeutique assurée, et lorsque Margot est capable de faire face à des affects intenses, le thérapeute peut envisager d'utiliser différents protocoles EMDR au sein d'une approche globale concernant ses modalités d'attachement *insecure* (c'est-à-dire précaires et anxiogènes).

La démarche du thérapeute

Il va élaborer, en collaboration avec Margot, un plan de ciblage autour des questions suivantes :

- Quelles sont les différentes problématiques dans la vie actuelle de Margot ? Par exemple, comment trouver l'énergie de sortir de chez elle, réussir ses études, rencontrer les autres ?
- Toujours dans sa vie actuelle, quels traumatismes récents a-t-elle subis ? Quels sont les déclencheurs qui réactivent ses perturbations psychiques ou physiques ?

- Quels sont les traumatismes de son passé qui ne sont pas retraités ? Certains sont spectaculaires, mais d'autres, qui sont peut-être passés inaperçus, se sont accumulés…
- Comment Margot voit-elle son avenir ? Quels sont les scénarios « du futur » qui la bloquent ou la terrorisent, et comment peut-elle changer son regard sur ce qui n'existe pas encore ?

Le thérapeute sera attentif aux signes de retraitements et permettra à Margot de les noter et de les valoriser.

Une consolidation progressive

Cette thérapie nécessite d'être suffisamment « contenante » : Margot a besoin en effet de se sentir en sécurité tout au long du lien thérapeutique, alors même qu'elle va prendre contact avec des peurs archaïques qui peuvent se révéler bouleversantes.

Les gains thérapeutiques seront encouragés, consolidés et valorisés.

On voit dans ce cas que la thérapie EMDR peut, dans des cas complexes, se dérouler sur plusieurs mois, voire des années. L'EMDR n'est pas une thérapie systématiquement « brève » : elle s'adapte à la profondeur de la souffrance du patient.

PARTIE 3

OUVERTURES ET RECHERCHE

Cette troisième partie nous permettra de voir comment pratiquer l'EMDR dans différents contextes : avec les enfants, en groupe, avec les personnes très insécurisées ou phobiques, ou ayant à faire face à un deuil. Comme toute méthode thérapeutique, l'EMDR a des indications, dont nous détaillerons les principales : dépression, abus sexuels, séquelles de traumatismes collectifs, dysfonctionnements conjugaux ou sexuels... Après quelques conseils pour choisir un thérapeute EMDR, nous irons voir où en est la recherche, en détaillant quelques articles scientifiques récents. Nous terminerons par une synthèse qui passera en revue les diverses facettes de l'EMDR : techniques, éthiques, philosophiques...

CHAPITRE 7

D'AUTRES FAÇONS D'AGIR EN EMDR

Au programme

- EMDR et les enfants
- EMDR en groupe
- CIPOS
- EMDR et phobies
- EMDR et deuil

Avec des patients différents

EMDR et les enfants

La pratique de l'EMDR sera un peu différente avec les enfants.

Il faudra évidemment adapter la durée et la communication à l'âge de l'enfant. Les séances seront plus courtes, et le langage s'appuiera sur une pensée plus concrète. La collaboration avec les parents sera importante, tant pour aider à la prise de conscience du changement que pour élaborer des informations éducatives.

Si un protocole EMDR complet peut être envisageable dès douze ans, on pourra aider un enfant de quatre à sept ans à trouver la cognition négative (« je suis en danger », « c'est de ma faute »…), la cognition positive (« je suis en sécurité », « je n'ai rien fait de mal »…), et le niveau de sa détresse (sur une échelle subjective de SUD matérialisée par un clown aux grimaces expressives). Les balayages oculaires sont possibles dès ce stade.

© Groupe Eyrolles

Avec des enfants de moins de quatre ans, on peut identifier l'événement difficile et proposer des tapotages alternatifs en ciblant sur l'émotion (« j'ai peur ») ou la sensation (douleurs, tremblements…).

Le travail en EMDR avec les enfants gagnera évidemment à être associé à d'autres méthodes thérapeutiques, comme les jeux ou le dessin.

On peut commencer les stimulations bilatérales alternées dès qu'un minimum d'éléments est réuni : la cible est trouvée, le niveau de détresse est évalué et la sensation corporelle repérée.

Le thérapeute EMDR gardera toujours un regard sur l'ensemble du système familial, afin de préserver la sécurité de tous les équilibres, en particulier celui de l'enfant.

EMDR en groupe

Ce protocole a été développé pour la première fois par Ignacio Jarero à la suite de l'ouragan Pauline qui s'est abattu au Mexique en octobre 1997. Il peut se pratiquer en groupe, et donc aider un nombre plus important de personnes.

On ne demande pas aux victimes d'établir de cognitions négatives ni positives. Le processus de TAI sera ici traduit de façon symbolique par le dessin. Les victimes pratiquent sur elles-mêmes une autostimulation par tapotage grâce à la technique dite du « papillon », tout en se centrant sur les dessins qu'elles feront à propos des éléments suivants :

- une image-ressource, équivalent du lieu sûr ;
- une image évoquant la représentation la plus importante, avec cotation du niveau de détresse (SUD) ;
- les images survenant au fur et à mesure des associations (plusieurs feuilles de papier sont à prévoir…) ;
- l'image positive finale, avec évaluation du SUD et installation grâce à des stimulations bilatérales alternées plus lentes.

Dans des situations différentes

CIPOS

Il s'agit de la Constant Installation of Present Orientation & Safety, soit l'« Installation constante de la sécurité et de l'orientation présentes » ou, pour le formuler de manière plus compréhensible encore, l'installation durable de la présence à l'ici et maintenant, avec un sentiment de protection.

C'est à Jim Knipe que nous devons ce protocole, destiné à préparer les patients ayant subi des traumatismes complexes à repenser aux scènes violemment traumatiques.

On ne demandera pas ici à la personne de détailler le souvenir. Elle peut même ne donner qu'un mot symbolique qui va l'évoquer, autour des quatre grands thèmes :

- sécurité ou survie ;
- détresse ou abandon ;
- honte ou culpabilité ;
- mauvaise estime de soi.

Effacement

Puis on demande au patient pendant combien de temps, dans une durée comprise entre 1 et 7 secondes, il se sent capable de penser au traumatisme. Le thérapeute compte alors à haute voix le temps signalé, par exemple : « 5, 4, 3, 2, 1, 0… » Quand le temps est écoulé, on demande au patient de prendre une grande inspiration et « d'effacer ».

Afin de faciliter cet effacement, il est recommandé au patient de revenir dans le présent grâce à différentes techniques, comme de compter à rebours de 3 en 3 depuis 100 : 97, 94, 91, 88… Il peut aussi décrire tous les éléments de la pièce qui vont par deux, ou qui sont en bois, ou encore se lever, marcher, et lancer des balles ou des coussins, etc.

Enfin, quelques stimulations bilatérales alternées et lentes renforceront la sensation d'être dans le présent. Plusieurs « passages » peuvent être nécessaires pour assurer cet ancrage dans l'ici et maintenant.

EMDR et phobies

Il est important, en ce domaine, d'informer le patient du sens de son symptôme et de tenir compte des « bénéfices » secondaires (des conséquences qui prennent sens dans la vie de la personne, même si cela doit aller à l'encontre de sa santé ou de son confort) : par exemple, une phobie des transports peut cloîtrer chez lui un patient dont la mère, avec qui il habite, craint depuis des années qu'il quitte la maison familiale...

Souvenirs et croyances

La thérapie EMDR recherche d'abord les souvenirs cible ainsi que les croyances négatives. On observera souvent que la peur se double d'une peur d'avoir peur, et que des manifestations physiques y sont souvent associées.

On visera avec les SBA aussi bien les souvenirs que les déclencheurs, les croyances ou les sensations physiques : le cœur qui bat vite, la respiration qui s'accélère, les tremblements...

Une fois que le patient aura appris des techniques de gestion émotionnelle pour mieux contrôler sa peur (faisceau lumineux, lieux sûrs, spirale, respiration... voir p. 70) et qu'il saura repérer les signaux de détente que lui donne son corps, on pourra cibler et retraiter les aspects suivants :

- les événements qui ont participé à la phobie, selon un déroulement chronologique ;
- le souvenir de la première sensation de peur ;
- les situations où la peur a été très intense ;
- la situation de peur la plus récente ;
- chaque déclencheur actuel.

Puis on favorisera la visualisation, portée par les SBA, d'un scénario dans lequel la personne s'imagine à l'avenir dans une situation analogue, mais sans peur.

Il ne faudra pas être surpris de voir surgir, à l'occasion de ce protocole, d'autres souvenirs traumatiques, parfois très éloignés du thème de la phobie, et qu'il faudra retraiter les uns après les autres à l'aide du protocole standard.

EMDR et deuil

Le deuil est le processus naturel que les humains ressentent à la suite d'une perte. Parfois, ce processus, au lieu de se dérouler jusqu'à son terme, se fige, si la perte est brutale ou s'est déroulée dans un contexte traumatique.

La thérapie EMDR est indiquée dans ce cas pour débloquer le processus normal du deuil et traiter les aspects pétrifiés de la perte. Il est clair qu'il ne s'agit nullement d'étouffer les émotions naturelles ni d'empêcher le chagrin.

Étapes préliminaires

Avant de choisir une cible, il est opportun de faciliter un classique « travail de deuil » :

- À quoi la personne a-t-elle besoin de se raccrocher pour envisager de lâcher prise ?
- Qu'a-t-elle surtout peur de perdre ? Le souvenir, la protection, l'amour… ?
- Qu'aimerait-elle dire au défunt si elle pouvait encore lui parler quelques minutes, en s'adressant à une chaise vide sur laquelle elle projette mentalement son image ?
- Que dirait la personne disparue au patient ?
- Quel est le meilleur souvenir gardé de la personne disparue ? Et le pire ? (Le deuil est aussi le moment de faire face à la réalité, autant celle de la vie que celle de la mort.)

La cible

On pourra choisir comme cible :
- les événements qui ont causé la perte ;
- les situations dans lesquelles la personne a appris la perte ;
- les images faisant irruption malgré elle dans son psychisme ;
- les cauchemars ;
- les déclencheurs actuels de la souffrance ou de la culpabilité ;
- les questions de culpabilité, de responsabilité ;
- les enjeux de sécurité ;
- les pertes antérieures non intégrées.

CHAPITRE 8

INDICATIONS ET CONTRE-INDICATIONS

Au programme

- D'innombrables applications
- Contre-indications et risques
- Comment choisir un thérapeute EMDR ?

D'innombrables applications

L'EMDR est une thérapie officiellement reconnue pour faire diminuer, voire disparaître, les conséquences du stress post-traumatique, mais les témoignages et les expériences des praticiens du monde entier sont en train de découvrir d'innombrables indications supplémentaires.

Les congrès, colloques et autres journées d'études se succèdent dans tous les pays et permettent de confronter les avancées théoriques et pratiques de l'EMDR. Enfin, des programmes scientifiques de recherche sont en cours dans de nombreux pays.

Même s'il est encore besoin de vérifications statistiques, d'importantes améliorations ont été constatées grâce à l'EMDR dans le cas de pathologies variées comme par exemple :

- troubles des conduites alimentaires (anorexie, boulimie, dépendances alimentaires) ;
- attaques de panique ;
- anxiété reliée à la performance ;
- deuils complexes mêlés à l'angoisse ou à la culpabilité ;
- stress invalidant ;
- dépendance aux drogues ou aux médicaments ;
- troubles du sommeil ;
- dysmorphophobie (crainte maladive qu'une partie du corps soit déformée et peur d'impressionner ainsi défavorablement son entourage) ;
- troubles douloureux chroniques ;
- acouphènes (perception anormale d'un bruit en l'absence d'une source externe : bourdonnement, sifflement...) ;
- traumatismes complexes, diffus, nombreux et étalés dans le temps ;
- hyperactivité (chez l'enfant, trouble de l'attention retentissant sur la scolarité, avec impulsions, agitation, agressivité).

Voici quelques exemples de la thérapie EMDR à l'œuvre dans certaines de ces indications.

Avec les enfants et les adolescents

Dès l'âge de deux ou trois ans, et avec la collaboration des parents pour les enfants en bas âge (voir p. 127).

L'accident de Sylvan

Sylvan a quatre ans. Il était dans la voiture de son grand-père lorsqu'un accident s'est produit. Son grand-père n'est que légèrement blessé, mais néanmoins encore hospitalisé au moment de la consultation. Sylvan est indemne, mais psychologiquement choqué. Il est venu en consultation avec ses parents et reste sur les genoux de sa mère, son lieu sûr. Depuis l'événement, il refuse de monter dans une voiture, et raconte sans cesse l'accident, surtout le « boum », et aussi : « comme au manège, mais qui fait peur ». Ses grands yeux montrent que cette peur est encore présente en lui.

Le traitement

Sylvan dessine, raconte… et s'amuse avec la petite voiture en plastique que le thérapeute fait rouler devant ses yeux, à droite et à gauche, alternativement. De temps en temps, le thérapeute montre à Sylvan une planche avec des dessins représentant un clown aux diverses expressions : l'enfant désigne du doigt l'expression qui ressemble le plus à ce qu'il ressent à ce moment. La mère, sur les indications du thérapeute, tapote doucement et en alternance les épaules de son fils.

L'apaisement s'installe peu à peu. À la fin de la séance, Sylvan peut évoquer l'accident sans terreur.

À la fin de la consultation suivante, Sylvan n'évoque plus l'accident. Il est content d'avoir revu son grand-père, qu'il est allé voir à la clinique… en voiture, avec son père.

Les abus sexuels et/ou physiques

Vérité cachée

Katleen, une assistance sociale de quarante-deux ans, a été abusée par le second mari de sa mère durant son enfance. Sous la menace, il lui a imposé attouchements et relations sexuelles depuis l'âge de neuf ans jusqu'à ses douze ans. C'est son départ en pension qui a stoppé son calvaire. Elle en a parlé une fois, une seule fois, à sa mère – qui l'a traitée de menteuse et de dévergondée.

Katleen a ravalé sa honte et sa fureur, doublement trahie, doublement humiliée. Le temps a passé, mais le traumatisme s'est installé, intact, tapi dans les connexions nerveuses de sa mémoire.

Son corps réagit sans elle, puisqu'elle se coupe de ses sensations et de ses émotions. Sa vie sexuelle n'est pas épanouie.

Discussion et ouverture

Ce n'est qu'à demi-mot qu'elle en parle à son thérapeute, étonnée de découvrir qu'il la croit. Les images reviennent, et Katleen va choisir celle dont l'évocation la bouleverse le plus.

Son niveau de perturbation interne (SUD) est à 9/10. Sa cognition négative est « Je ne peux pas dire non ». Elle préférerait penser : « Je peux dire non, et faire respecter ma limite ». Mais cette cognition positive ne résonne comme vraie, au fond d'elle quand elle repense à l'image traumatique, qu'à 1 sur 7. Des crampes et des nausées lui laborent le plexus. Son périnée se contracture douloureusement. L'événement a beau avoir trente ans d'âge, il continue d'être « actuel » dans son vécu et ses circuits neuronaux.

Trois entretiens d'une heure trente seront nécessaires pour retraiter ce traumatisme. Katleen finira par associer des pensées cohérentes, des valeurs justes, des émotions adéquates. Non seulement elle adoptera à 7/7 le droit de dire non, mais elle associera la conviction qu'elle n'est pas un objet, et qu'elle est bien sujet de sa vie.

Au travail, elle devient une aide précieuse pour les jeunes filles victimes de tels abus. Sa vie sexuelle prend un nouveau départ, et son mari ne s'en plaint pas. Enfin, elle consulte moins souvent sa gynécologue, car ses infections génitales, récidivantes depuis des années, ne sont pas réapparues.

La dépression

Peu d'espoir

Gregor est déprimé depuis longtemps. Les traitements chimiques le soulagent un moment, mais il s'aperçoit qu'il n'ose pas s'en passer : le risque est trop grand de retomber dans le sombre abîme qui continue de le menacer.

En commençant une psychothérapie, il doutait profondément de ses chances de guérison, sans savoir que cette lassitude dubitative fait justement partie du mécanisme dépressif, tel un serpent qui, en se mordant la queue, barre le chemin de la sortie et même de l'espoir de sortie.

Un « tapis » de traumatismes

Durant les premières séances, la thérapeute se borne à l'écouter raconter sa vie. Son enfance, les événements marquants de sa vie et plus précisément ce qui lui est arrivé durant l'année qui a précédé l'apparition de la dépression.

En fait, il apparaît que ce début n'a pas été net, mais plutôt insidieux. L'échange à propos de l'histoire de sa vie, mené à bâtons rompus, laisse néanmoins entrevoir une continuité, une sorte de fil rouge, véritable tapis de traumatismes non retraités :

« Le jour où j'ai découvert tout à coup... », « quand elle m'a annoncé que... », « et j'ai reçu ça sur la tête... », « mais je ne m'y suis pas arrêté, la vie continue... », « j'ai pas pu en parler... », « mieux vaut en rire... », « je me suis dit : jamais deux sans trois... »

Et la litanie continue. On peut imaginer qu'à chaque difficulté non intégrée, la barque s'enfonce. Les réseaux de mémoire dysfonctionnelle s'accumulent.

Gregor a du coup de moins en moins d'énergie, de volonté, de créativité pour faire face aux problèmes qui se présentent chaque jour. De ce fait, tout s'aggrave, tout lui semble une montagne : c'est le cercle vicieux que tout le monde appelle « dépression », comme une « dépression » dans le pneu du vélo qui vient de rouler sur un clou. Filons la métaphore : Gregor doit mettre pied à terre tous les 50 mètres pour pomper. Il s'épuise, se décourage. Il est sombre, triste, dort mal ou trop. Il est dépressif.

Le traitement

La thérapeute propose alors à Gregor de l'aider à constituer son plan de ciblage : identifier les principaux traumatismes pour les retraiter les uns après les autres.

Bonne nouvelle : le soulagement d'un trauma en allège parfois plusieurs à la fois. Ils étaient interconnectés, et le retraitement bénéficie de cette association. Peu à peu, la barque s'allège.

Gregor découvre que lorsque les « pneus de son vélo » sont bien gonflés et le restent, sa motivation pour pédaler et pour avancer vers ses buts est bien meilleure. Les symptômes dépressifs diminuent.

Désormais, Gregor ne craint plus la récidive, même si son médecin traitant continue de l'envisager. Mais il accepte de diminuer les doses de psychotropes. Un jour, Gregor se sentira assez fort pour les arrêter – et pour se moquer de sa thérapeute qui a prétendu qu'il faisait du vélo sur une barque !

Les séquelles de traumas collectifs (guerre, catastrophes naturelles...)

Le train

Gilbert était dans un train qui a déraillé. En sortant de l'hôpital, il ne peut enlever de sa tête les images, les sons, les sensations en rapport avec l'accident. Il a même oublié où il se rendait au moment de l'accident. Tout se brouille en lui, et les symptômes physiques (crampes, infections à répétition, psoriasis...) ne lui laissent aucun répit.

Le traumatisme, certes majeur, mais unique, sera retraité en trois séances.

Le massacre

Ouadou, quant à lui, a été recueilli par sa tante après le massacre de ses parents. Il n'a rien vu, car il s'était caché sous le lit, mais il a tout entendu et a découvert le carnage en sortant de sa cachette. Bien sûr, sa vie n'est pas rose ni confortable. De graves problèmes persistent autour de lui. Mais le retraitement de ce terrible traumatisme lui permettra d'éviter la culpabilité et les symptômes qui auraient pu le ronger des années durant.

La phobie de l'avion

Statistiquement, l'avion est le moyen de transport le plus sûr. Malgré ce constat rassurant, le stress aéronautique inhibe une personne sur dix et indispose un passager sur trois. Ce désagrément peut toucher autant la sphère personnelle que professionnelle.

Une terreur ancienne

Monique est terrassée par la peur : la peur d'être seule, d'abandonner ses enfants, de perdre le contrôle... Mais surtout, Monique se souvient que son père l'emmenait dans les manèges à la foire, des manèges qui tournaient, tournaient si vite qu'elle en était littéralement malade. Elle en sortait hébétée de frayeur, et son expression faisait éclater de rire toute la famille. Cet événement anodin se renouvela à plusieurs reprises durant son enfance, même si, à l'adolescence, Monique finit par mettre le holà à cette torture.

Retraitement

La cible retraitée fut le démarrage du petit avion du manège sous le regard moqueur de son père. L'émotion que ressentait Monique, faite de peur, de colère et de désespoir impuissant, semblait s'accumuler dans son ventre, tandis que ses genoux tremblaient. La pensée : « Je ne peux pas refuser » tournait dans sa tête.

À la fin du traitement en EMDR, elle ressent comme vraie à 7 sur 7 la phrase : « Je peux refuser ». La phobie a disparu.

La phobie dentaire

Thérapie

Chez le dentiste, Yves est incapable d'ouvrir la bouche. Il réclame une anesthésie générale pour la moindre carie. La thérapie EMDR se centre sur l'événement déclencheur du stress : la main gantée du dentiste approchant la roulette de son visage. En réaction, Yves ressent de la panique et une crispation dans tout le corps. Son cœur bat à tout rompre, il respire fort et pense qu'il ne va pas supporter la douleur, malgré la promesse d'une anesthésie locale. Le thérapeute utilise alors la technique du *float-back* (se laisser flotter vers l'arrière, dans le temps). Il dit à Yves :

« Je vous propose de penser à la phrase : "Je ne vais pas le supporter" et à cette image de la main du dentiste s'approchant de vous. Observez ce que cela évoque en vous et laissez votre esprit flotter en arrière, comme s'il remontait dans le temps, dans votre histoire. Ne cherchez rien de particulier. Quelle est la situation qui vous vient à l'esprit, celle lors de laquelle vous aviez de telles émotions ou de telles pensées ? »

Découverte du souvenir

Yves se sentit submergé par une forte émotion en retrouvant un souvenir qu'il avait évacué de sa mémoire consciente. Il avait huit ans lorsque son grand-père tomba malade et vint habiter chez Yves pour que ses parents puissent s'occuper de lui (il vivait seul jusque-là).

Un soir, Yves assista à l'intervention en urgence du médecin : son papi étouffait littéralement. Les mains du médecin s'agitaient près du visage du grand-père, dont les mimiques grimaçantes évoquaient une grande angoisse. Personne n'avait pensé à éloigner Yves de la scène. Il revécut l'angoisse terrorisante, la peur et la souffrance du vieil homme, qui avaient gagné l'intimité de son être à lui.

Le retour vers la roulette du dentiste fut progressif, mais l'on trouva un praticien patient pour ce patient qui l'était devenu.

Les agresseurs sexuels

La condamnation

Gilles a été condamné pour avoir téléchargé des images pédoporno-graphiques, et sa peine impose une injonction de soins psychothéra-peutiques. Il n'a jamais porté la main sur un enfant, et ne rêve aucu-nement de le faire.

Il apparaît que Gilles est fasciné exclusivement par les images, et qu'en explorant son for intérieur, il ne ressent en fait aucune excitation sexuelle. Il fait bien la différence avec ce qu'il peut ressentir en face de stimulations mettant en scène des adultes. Alors que cherche-t-il en scrutant ces innombrables clichés accumulés dans le disque dur de son ordinateur ?

Le travail thérapeutique et l'introspection qu'il permet débouchent sur une prise de conscience déroutante : Gilles veut en fait décou-vrir, en détaillant le visage de ces enfants, s'ils prennent du plaisir, et comment leur désarroi se manifeste. Et revient à sa conscience l'importance cruciale d'un événement survenu durant son enfance : lorsqu'il avait entre neuf et douze ans, son propre père, prétextant tristesse et dépression, venait le soir se faire consoler par son fils… et abusait sexuellement de lui. Comme souvent dans les abus sexuels, le jeune Gilles ne savait pas faire la part de ce qui est bien et mal, et se persuadait qu'il était le coupable exclusif. En fait, en regardant tous ces enfants abusés, c'est lui-même qu'il observait, cherchant en vain à lire sur leur visage les indices qui lui permettraient de se sentir moins seul et de trouver quelque repère.

Le traitement

Le travail avec Gilles consiste avant tout à vérifier qu'il est conscient de la faute qu'il a commise, qu'il mérite sa condamnation, et qu'il a porté un réel préjudice à ces enfants en entretenant le circuit.

La thérapie EMDR prend donc comme cible les abus sexuels subis : Gilles va petit à petit remettre les générations à leur place et ressentir de la colère contre son père au lieu de la retourner contre lui, sous forme d'une culpabilité mal gérée par son voyeurisme.

Il ne s'agit pas de s'apitoyer sur l'agresseur, ni d'excuser et encore moins de justifier son acte, mais de prévenir la récidive en s'attaquant à la racine de la pulsion malsaine.

Le retraitement de l'abus subi s'accompagna ici d'une réorganisation des valeurs concernant la protection des plus faibles (et donc notamment des enfants) et de l'émergence d'une authentique empathie pour les victimes, principal élément capable d'éloigner le risque de récidive.

Les dysfonctionnements conjugaux et familiaux

Couple conflictuel

Mary et Paul sont en conflit permanent. Tout est motif à opposition : la gestion de l'argent, l'éducation des enfants, les rapports avec les familles d'origine... Le couple qu'ils constituent est du type « compétition », « reproche permanent ». Ils n'ont de cesse de savoir qui a raison et qui a tort, qui aura le dernier mot, qui finira par avoir gain de cause...

Au lieu de parler de soi, d'indiquer à l'autre ce qui ne va pas, et de faire une proposition pour améliorer les choses, les époux passent leur temps à reprocher à l'autre ce qu'il fait ou ne fait pas, ce qu'il dit ou ne dit pas.

L'interprétation fallacieuse des actes et des propos sert de base à de permanents procès d'intention. La simple notification du reproche équivaut pour chacun tout d'abord à compenser les reproches venant de l'autre, et ensuite à se rassurer soi-même dans le rôle du dénonciateur d'injustice.

Mary et Paul ont un immense point commun : ils sont tous les deux persuadés que c'est « toujours la faute de l'autre ».

Le traitement

L'utilisation de l'EMDR va pouvoir balayer (dans le double sens de « nettoyer » et de « parcourir ») plusieurs aspects de leur discorde. Les trois « temps » de l'EMDR se révéleront fructueux à explorer :

- Le passé, avec les stratégies de chacun pour éviter la souffrance de se sentir jugé ou rejeté.
- Le présent, en repérant les événements « déclencheurs » qui, comme s'ils appuyaient sur la gâchette, activent les émotions, les pensées, les sensations si pénibles et en même temps si bien connues.
- L'avenir, en bâtissant des options nouvelles et créatrices pour sortir au plus vite des pièges les plus fréquents, et même d'éviter d'y tomber.

Les dysfonctionnements sexuels

Insatisfaction

Jimmy a vingt-neuf ans et a toujours été éjaculateur précoce. Ses partenaires d'un soir ne s'en plaignaient pas, mais leur en donnait-il le loisir ?

Cependant, depuis un an qu'il connaît Sophie, il vit les choses autrement : il est très amoureux et veut faire sa vie avec cette belle femme qui, en plus, l'impressionne un peu. Pour l'instant, Sophie, elle aussi amoureuse, ne proteste pas outre mesure, mais il est clair que la situation devra évoluer s'ils veulent s'engager ensemble.

Des convictions erronées

La thérapie EMDR commence par désensibiliser les réactions automatiques et désagréables que Jimmy ressent au moment de faire l'amour.

Il est persuadé qu'il devra se montrer « à la hauteur », et qu'il n'y arrivera pas. Il est sûr que son symptôme est tellement ancré en lui qu'il ne pourra que se reproduire encore et encore, et ne démord pas de l'idée qu'il doit arriver à faire jouir sa femme, sous peine de la voir s'éloigner.

Il veut faire tous les efforts possibles pour qu'elle soit heureuse grâce à lui : il croit qu'il vient là de donner la vraie définition de l'Amour.

Les associations qui surviennent à l'occasion des stimulations bilatérales alternées de thérapie EMDR rappellent à Jimmy d'autres situations où il pensait devoir faire des efforts pour qu'une femme soit heureuse : c'était sa mère, et il avait huit ans.

Pour voir s'esquisser un sourire sur le visage de sa dépressive de mère, il lui fallait inventer chaque jour des stratégies : obtenir des bonnes notes, passer l'aspirateur, s'abstenir de montrer sa colère ou sa peine. Bref, se contrôler en permanence et faire mille efforts pour tenter de la rendre heureuse.

Le même mécanisme est en route actuellement avec l'autre femme de sa vie. Jimmy réalise alors avec lucidité que Sophie n'est pas sa mère, et qu'il est pour le moins inopportun de se conduire avec elle de la même façon qu'avec sa mère. Il admet aussi que Sophie possède et garde la responsabilité de sa propre vie et de son propre plaisir.

Le traitement

Le retraitement de la cognition négative « je ne suis pas à la hauteur » aboutit à une refonte complète de son positionnement : « je ne suis pas un petit garçon qui veut faire plaisir à sa maman, je suis un homme qui prend du plaisir avec sa femme ».

Il réalisa que son sexe, avec raison, interrompait un rapport quasi incestueux alors même que, consciemment, il était à mille lieux de le réaliser ! Son éjaculation n'était donc pas prématurée, mais parfaitement adaptée à la situation : elle lui évitait de s'installer dans un positionnement de petit garçon.

Jimmy, après cinq séances d'EMDR, arriva peu à peu à avoir des rapports sexuels apaisés et voluptueux... avec sa femme.

Contre-indications et risques

Le principe de précaution incite les praticiens à la prudence. Parallèlement, trop de frilosité risque de bloquer toute espérance de recherche et d'évolution.

Avant d'arriver au retraitement du traumatisme par l'EMDR, il faudra prendre le temps nécessaire pour donner aux patients les ressources dont ils auront besoin pour faire face à leurs propres émotions.

La prudence s'impose et nécessite de respecter certaines limites dans les situations suivantes :

- Si le thérapeute n'est pas assez formé pour faire face à la pathologie de son patient, qu'il risque d'être désarçonné par ses réactions, bouleversé par ses émotions, choqué par les associations mentales qui peuvent surgir...
- Si le thérapeute n'est pas suffisamment disponible et qu'il risque de laisser son patient se débrouiller tout seul avec ce qui peut survenir durant la suite des séances. On doit pouvoir joindre son thérapeute au téléphone entre les séances, notamment durant les périodes cruciales du traitement.
- Si le patient présente une pathologie qui risque d'être déstabilisée par le retour au traumatisme, fût-il prudent, par exemple en cas de dissociation notable. Des précautions particulières devront être mises en place, mais on ne saurait passer sous silence le bénéfice que certains patients dissociés ont pu trouver grâce à la thérapie EMDR.
- En cas de schizophrénie ou de démence. Néanmoins, un patient stabilisé par un traitement psychiatrique approprié peut parfois être aidé par la thérapie EMDR en guise de traitement d'appoint, pour soulager une partie des symptômes qui seraient liés à un traumatisme émotionnel, ou pour réduire la fréquence des rechutes liées au stress.

Comment choisir un thérapeute EMDR ?

Voici comment Francine Shapiro propose de répondre à cette question.

Pour elle, les huit phases du protocole EMDR sont destinées à s'assurer que les émotions du patient, ses pensées et réactions corporelles évoluent de façon saine et satisfaisante. Il existe de nombreuses procédures pour effectuer chaque phase, et des protocoles spécialisés pour aborder différents problèmes.

Formation

Il est important que le praticien EMDR que vous allez choisir utilise des procédures de retraitement qui ont été testées et validées par la recherche scientifique. Assurez-vous donc que votre thérapeute a suivi la formation recommandée par l'association professionnelle EMDR de votre pays et qu'il a été dûment accrédité. Vous trouverez en annexe de cet ouvrage les sites Internet francophones donnant la liste de ces professionnels, régulièrement mise à jour.

La thérapie EMDR ne doit être pratiquée que par un thérapeute accrédité par une association reconnue en EMDR. Prenez le temps d'interroger votre futur praticien et n'hésitez pas à vérifier ses qualifications, car certains peuvent être encore en cours de formation.

Il n'est pas rare, par ailleurs, que des prétendues « formations » à l'EMDR ne couvrent même pas la moitié du programme des cours officiels. Assurez-vous donc que votre thérapeute a suivi la totalité du parcours de formation (six journées et vingt heures de supervision au minimum), qu'il a reçu son accréditation et qu'il se tient au fait des derniers développements de l'EMDR.

Il est surprenant de constater qu'un nombre important de thérapeutes sont persuadés, et parfois de bonne foi, d'avoir suffisamment de connaissances alors que leur formation n'a pas été effectuée selon les normes officielles. Pour la France, par exemple, l'accréditation est délivrée pour une période limitée à cinq ans, qui n'est prorogée que dans la mesure où le thérapeute a suivi la formation continue adéquate pour rester à jour de ses connaissances.

Autres facteurs

Comme dans toute forme de thérapie, même si la formation continue est obligatoire, il peut être utile d'évaluer aussi d'autres facteurs.

Un traitement réussi résulte d'une bonne alchimie entre une méthode, un patient et un thérapeute. Vérifiez que votre thérapeute peut vous aider tout en restant lui-même assuré dans ses valeurs et ses affects vis-à-vis du problème que vous apportez. Vous devez sentir que « le courant passe » entre vous, et que vous avez envie de lui faire confiance.

N'hésitez pas à en interviewer autant que nécessaire pour trouver celui ou celle avec lequel vous allez pouvoir faire un bout de chemin. Voici les questions que vous pouvez lui poser :

• Avez-vous terminé la formation validée par l'association nationale d'EMDR ? En quelle année avez-vous été accrédité ?

• Vous êtes-vous tenu informé des nouveaux protocoles et des derniers développements en EMDR ?

• Utilisez-vous les huit phases telles qu'on les enseigne dans les études scientifiquement validées ?

• Combien de patients avec un problème similaire au mien avez-vous déjà traités avec succès ?

CHAPITRE 9

OÙ EN EST LA RECHERCHE ?

Au programme

- Une expérience
- Cinq articles récents
- Pour conclure

De nombreux protocoles de recherche sont en cours dans plusieurs pays. À titre d'exemple, voici le détail d'une expérience édifiante, suivi du résumé de publications récentes.

Une expérience

Les mouvements oculaires sont-ils vraiment efficaces pour traiter les souvenirs perturbants ? L'expérience suivante s'est déroulée en 2007 à l'université de Perth, dans le centre de l'Australie.

Christopher W. Lee, psychologue clinicien, formateur en EMDR, et ses collaborateurs convoquent quarante-huit étudiants, dont l'âge moyen est de vingt-trois ans. Ils leur demandent de se remémorer un souvenir personnel perturbant.

Le groupe est divisé en deux : l'un reçoit un traitement EMDR avec mouvements oculaires, l'autre sans mouvements oculaires (les yeux restent immobiles). Chacun des sous-groupes est à son tour divisé en deux « sous-sous-groupes », dont chacun doit appliquer l'une des deux consignes suivantes.

- soit chercher à revivre au maximum le traumatisme (comme dans un traitement traditionnel d'exposition), en se remémorant les images, les sons, les odeurs, les réactions physiques, les émotions survenues au moment du traumatisme ;
- soit au contraire à l'évoquer, mais avec distance, en se bornant à « repasser le film », mais comme un spectateur.

Le but de l'expérience était de tester l'effet des balayages oculaires et des consignes de distanciation sur la réaction émotionnelle aussitôt après le test, puis une semaine plus tard.

Des résultats probants

Il fut mis en évidence que la consigne thérapeutique n'avait pas eu d'effet sur les résultats. Le groupe qui avait pratiqué les mouvements oculaires était plus apaisé que celui qui avait gardé les yeux immobiles, quelle que soit la consigne de distanciation appliquée.

Alors que les études sur les techniques traditionnelles d'exposition soulignent le rôle central que joue le fait de « revivre » l'incident dans l'amélioration observée à l'occasion du traitement, il apparaît qu'avec la thérapie EMDR, l'amélioration n'est pas liée au fait de revivre l'incident[4]. L'amélioration la plus spectaculaire a plutôt été observée lorsque les patients donnaient une réponse de distanciation, comme s'ils voyaient la scène du point de vue d'un observateur : inutile donc de se forcer à « revenir » dans le souvenir traumatique.

Deux mécanismes

Cette distanciation peut relever de deux mécanismes :
- des consignes thérapeutiques spécifiques : « Imaginez que vous êtes dans un train et regardez le paysage défiler. Remarquez simplement le paysage sans tenter de vous y accrocher ou de lui

---

4. Lee, Taylor, & Drummond, *The active ingredient in EMDR: is it in traditional exposure or dual focus in attention?* Clinical Psychology & Psychotherapy 13, 97-107, 2006.

donner un sens. » Ce qui est mis en avant est de l'ordre de « laissez venir ce qui vous vient, et remarquez-le simplement… » Il s'agit d'une observation en pleine conscience de l'expérience traumatique[5] ;

- des conséquences des mouvements oculaires eux-mêmes, par l'intermédiaire de mécanismes complexes dont le mécanisme n'est pas complètement élucidé, mais dont les conséquences s'observent au niveau cérébral.

En tout état de cause, il a été démontré empiriquement que les mouvements oculaires favorisent la distanciation, en comparaison avec une action thérapeutique reçue avec les yeux immobiles et sans tapotement.

Mesures physiologiques

A. L. Barrowcliff a comparé en 2004 deux groupes avec et sans mouvements oculaires, en utilisant des mesures physiologiques de l'activation : une diminution plus importante de l'activation physiologique et de la clarté du souvenir a été observée dans le groupe avec balayages oculaires que dans celui avec les yeux immobiles.

L'analyse une semaine plus tard a montré que les meilleurs résultats étaient en rapport avec les mouvements oculaires associés à une consigne de distanciation.

Ces résultats sont cohérents avec d'autres données probantes qui montrent que le mécanisme de changement en œuvre dans l'EMDR n'est pas le même que dans la technique traditionnelle d'exposition.

---

5. Il s'agit d'une approche qui ressemble à la « pleine conscience » de la *mindfulness*.

Cinq articles récents

Comparaison avec la thérapie cognitivo-comportementale

« Comparaison entre la thérapie cognitivo-comportementale et l'EMDR dans la prise en charge de l'ESPT. Quelle place donner aux exercices à faire à la maison ? », in *Revue européenne de psychologie appliquée*, 2012, vol. 62, n° 4, p. 253-260 (Murdoch University, Western Australia, 22 août 2012).

Le but de cette **méta-analyse*** est de déterminer s'il existe une différence d'efficacité entre ces deux approches vis-à-vis du traitement de l'ESPT.

Huit études originales sur 227 ont été retenues, et le résultat montre un résultat équivalent pour l'ESPT, mais avec une meilleure efficacité de l'EMDR en cas de dépression associée. Le rapport coût/efficacité apparaît plus avantageux avec l'EMDR qui ne demande pas ou peu d'exercices à faire entre les séances.

Électroencéphalogramme

« Exploration par électroencéphalogramme du traitement de l'état de stress post-traumatique par l'EMDR », in *Plos One*, septembre 2012, vol. 7, n° 9, Institut des sciences cognitives et technologiques de Rome.

Cette étude italienne a permis, grâce à l'électroencéphalogramme, de mettre en évidence l'image d'une activation spécifique du cerveau au cours d'un protocole d'EMDR.

Les résultats montrent qu'à la suite d'une thérapie EMDR réussie, les événements traumatiques sont retraités à un niveau cognitif.

Les comparaisons avec le groupe de contrôle confirment l'activation maximale des zones limbiques avant le retraitement du traumatisme. Ces changements sont significativement corrélés aux résultats des tests psychologiques.

Thérapie brève

« Comparaison entre l'efficacité de la thérapie brève et l'EMDR sur l'ESPT », par Mirjam J. Nidjam in *British Journal of Psychiatry*, n° 9, février 2012.

Cette étude met face à face la thérapie cognitivo-comportementale (TCC) sous sa forme de thérapie brève et l'EMDR.

Cent quarante patients atteints d'ESPT furent répartis au hasard pour une moitié au bénéfice d'une thérapie brève et pour l'autre à celui d'une thérapie EMDR.

Les deux traitements se révélèrent efficaces, mais l'EMDR conduisit à une disparition plus rapide des symptômes de l'ESPT, alors que l'amélioration due à la thérapie brève se montrait plus progressive.

Retraitement des mémoires émotionnelles

« Une méta-analyse sur la contribution des mouvements oculaires dans le retraitement des mémoires émotionnelles », par Christopher W. Lee, in *Journal of Behavior Therapy and Experimental Psychiatry*, juin 2013, p. 231-239.

Il s'agit d'une large analyse des articles publiés par les scientifiques du monde entier et qui met en lumière les éléments suivants :

- les précédentes études qui concluaient à l'inefficacité des mouvements oculaires en EMDR contenaient un certain nombre d'erreurs de méthodologie ;
- l'amélioration des symptômes est plus nette avec les mouvements oculaires que sans ;
- ce retraitement des mémoires émotionnelles fonctionne aussi bien dans un contexte thérapeutique qu'en laboratoire ;
- l'effet des mouvements oculaires est d'autant plus important que l'alliance thérapeutique est forte, grâce à l'assiduité aux séances et à la confiance dans la thérapie.

Patients psychotiques

« Une étude pilote sur la thérapie EMDR des traumatismes chez les patients psychotiques » par David P. G. Van de Berg (Pays-Bas), in *Journal of Behavior Therapy and Experimental Psychiatry*, 2012, vol. 43.

De précédentes études avaient montré que le syndrome de stress post-traumatique (ESPT) pouvait être effectivement traité chez les patients atteints d'un trouble psychotique. Cependant, on utilisait pour cela un protocole adapté et précautionneux qui faisait la part belle à de longues techniques de stabilisation, ce qui prolongeait d'autant le traitement.

Cette étude hollandaise a concerné vingt-sept patients psychotiques également atteints d'un ESPT, et qui ont bénéficié de six séances d'EMDR.

On mesura en début et en fin de traitement l'intensité des symptômes psychotiques et de ceux de l'ESPT. Sur les vingt-deux patients qui sont allés au bout de l'expérience, dix-sept ne présentaient ensuite plus de symptômes d'ESPT. On constata même une diminution des hallucinations auditives, des délires, de l'anxiété de la dépression, et une augmentation de l'estime de soi.

Les idées paranoïdes et les émotions de désespoir n'ont pas été affectées par la thérapie EMDR. On n'a constaté chez aucun sujet ni l'exacerbation des symptômes, ni aucun événement indésirable (tentative de suicide, automutilation, agressivité ou admission à l'hôpital).

Les auteurs concluent qu'une courte thérapie EMDR est efficace et sûre dans le traitement de l'ESPT chez des sujets atteints de troubles psychotiques, sans qu'il soit nécessaire d'adapter le protocole ni de retarder le traitement par des techniques de stabilisation systématique.

Pour conclure

Traumatismes

Quand des expériences inquiétantes se produisent, elles sont stockées dans le cerveau avec toutes les images, bruits, pensées et sentiments qui l'accompagnent au moment de l'événement.

Quand une personne a été traumatisée, son cerveau semble ne pas pouvoir traiter l'expérience comme il devrait le faire normalement. Par conséquent, les pensées et les sentiments négatifs de l'événement traumatique sont « emprisonnés » dans le système nerveux.

Puisque le cerveau ne peut pas traiter ces émotions, l'expérience et/ou les sentiments qui l'accompagnent sont souvent supprimés de la conscience. Cependant, la détresse continue de se manifester dans le système nerveux où elle cause des perturbations du fonctionnement émotionnel de la personne touchée.

La thérapie EMDR

La thérapie EMDR opère sur deux choses très importantes. D'abord, elle « débloque » les mémoires et les émotions négatives stockées dans le système nerveux, ensuite, elle aide le cerveau à « re-traiter » l'expérience (au sens informatique de traitement de l'information) pour qu'elle soit « digérée ».

Le praticien travaille doucement avec le patient, le guidant progressivement pour rendre à nouveau visite à l'incident traumatique. Quand le souvenir est évoqué, les patients refont l'expérience des sensations et des émotions d'une nouvelle façon.

La thérapie EMDR permet d'acquérir la compréhension de soi et la perspective qui amèneront à choisir ses actions plutôt que de se sentir impuissant. Ce processus peut être complexe s'il y a beaucoup d'expériences reliées aux émotions négatives. Les séances de thérapie EMDR continuent jusqu'à ce que les souvenirs et les émotions traumatiques aient été désensibilisés.

Une thérapie à part entière

D'abord assimilée à une simple technique complémentaire à d'autres approches thérapeutiques, l'EMDR constitue désormais une thérapie en elle-même. Elle s'appuie sur le TAI (traitement adaptatif de l'information) qui permet un retraitement des conséquences psychiques des traumatismes avec une rapidité à laquelle ne nous avaient pas habitués les pratiques psychothérapeutiques classiques.

De l'EMD à l'EMDR

Originellement centrée sur les conséquences du traumatisme-cible, l'EMD avait pour vocation d'apaiser les perturbations émotionnelles et physiques. La désensibilisation prononcée du niveau d'anxiété et l'augmentation de l'estime de soi étaient des effets conservés au fil du temps.

Avec la découverte de la possibilité de ce retraitement, l'EMD est devenue l'EMDR, dont les effets pouvaient s'appliquer à d'autres situations qu'au souvenir cible. Non seulement le passé semblait cicatrisé, mais des leçons de vie pouvaient être apprises pour l'avenir.

Un virage décisif

La thérapie EMDR accompagne un virage décisif dans l'évolution de la psychiatrie et de la psychologie clinique. Nous devons au docteur David Servan-Schreiber d'avoir introduit en France la thérapie EMDR et d'avoir développé un regard intégratif sur cette démarche thérapeutique.

Sa mort prématurée en 2011 fut une perte douloureuse, tant pour ses amis et collègues que pour la recherche et la diffusion de l'EMDR, à laquelle il a consacré sa vie.

Il avait coutume d'insister sur un certain nombre de valeurs qui se développent actuellement dans le champ de la médecine, sans contredire les considérations techniques ou organiques. Ces valeurs s'enracinent dans ce qu'on pourrait appeler une médecine humaniste, dont le pivot est une nouvelle relation entre patient et thérapeute.

Associations mentales

Certes, les premiers éléments du protocole de l'EMDR peuvent évoquer des méthodes connues, comme l'utilisation de l'exposition imaginaire ou le soutien cognitif. Mais les séries de stimulations bilatérales mettent en œuvre un processus dont les conséquences sont démontrées grâce aux techniques d'imagerie médicale (IRM, PET scan...).

Le patient n'entre pas dans une « transe hypnotique », il s'exprime comme à son habitude. Si les associations mentales prennent leur point de départ sur un événement précis, elles s'ouvrent vite vers d'autres pensées sur soi-même ou sur le monde en général, d'autres images qui peuvent sembler incongrues et que le cerveau « convoque », en quelque sorte, pour avancer son œuvre de retraitement. Au fur et à mesure de ces associations d'idées, d'images, d'affects, de sensations, l'état émotionnel se modifie rapidement.

Une médecine humaniste

La thérapie EMDR inscrit donc son action au cœur de plusieurs valeurs humanistes.

Le patient au cœur du processus

C'est la personne qui est au cœur du processus de guérison. Le patient, en position prioritaire d'auto-observation, se concentre sur son expérience intérieure, d'une manière analogue à ce que la méditation recommande comme présence à soi-même. Le thérapeute ne porte aucun jugement sur les associations qui surviennent et s'abstient même de toute interprétation ou recentrage, malgré la tentation qu'il pourrait en avoir : seule compte la nécessité de favoriser l'autoguérison potentiellement à l'œuvre et manifestée par les reconnexions adéquates des circuits neurologiques. Plutôt que de risquer des interprétations extérieures, le thérapeute cherche à favoriser et à renforcer la quête de sens du patient lui-même.

Le sens donné aux souvenirs douloureux, les ressources pour faire face sont évidemment uniques et personnelles : il n'existe pas de place pour la standardisation des conseils ou le parachutage d'interprétations.

Histoire personnelle

Chaque personne est faite aussi de son histoire. Pour la thérapie EMDR, la souffrance du patient est vue comme la conséquence d'expériences successives qui ont provoqué des crises peu ou mal gérées. La conduite du traitement nécessite que cette succession soit repérée et élucidée. En effet, c'est à partir de ces séquences que les symptômes apparaissent, sur la base des croyances négatives sur soi, vécues comme des vérités qui seraient à confirmer chaque jour. Alors même que ces pensées limitantes pouvaient être appropriées au moment de l'événement, le traitement vise à les transformer en conceptions adaptatives dans le présent du patient. Si la personne souffre de ses symptômes, ce n'est pas tant à cause de ses limitations personnelles que du fait des modifications de son terrain par ses expériences passées.

La thérapie EMDR commence toujours par le repérage, l'analyse et la prise en compte de l'histoire du patient : le simple fait d'écouter avec respect le récit de sa vie peut déjà constituer une action thérapeutique décisive.

Autoguérison

Chacun possède une capacité d'autoguérison qui lui est propre.

Le cerveau se compose d'un système adaptatif du traitement de l'information qui, à partir du moment où il est activé, sait transformer les cognitions négatives et les souvenirs chargés d'émotions en cognitions positives et en affects neutres. Ce système de guérison psychique est analogue aux processus physiques de réparation et de protection : système immunitaire, cicatrisation des tissus, coagulation du sang pour éviter les hémorragies…

Prise en compte du corps

Dans le traitement de la souffrance psychique, la thérapie EMDR considère comme primordiale la façon dont le psychisme peut entrer en résonnance avec le corps, ses inconforts, ses douleurs, ses crispations, ses blocages… Ces sensations physiques en rapport avec des souvenirs traumatiques méritent autant que les autres d'être utilisées comme cibles des stimulations bilatérales alternées. Un traitement efficace de la douleur psychique passe par la prise en compte de la façon dont s'associent les sensations physiques avec les pensées, les images, et les émotions[6].

Rôle décisif du patient

Le pouvoir est chez le patient plutôt que dans les interventions du thérapeute, comme l'écrivaient en 1978 Bob et Mary Goulding dans *The Power Is in The Patient* (cf. bibliographie). Le patient garde un rôle décisif dans la progression du processus thérapeutique. Entre les séances, il a la possibilité de pratiquer des exercices de visualisation, de relaxation, de respiration… Il est encouragé à s'observer lui-même et à tenir le journal de ce qu'il aura constaté depuis la dernière séance. C'est à partir de la posture mentale qu'il adopte grâce à ses connaissances et compétences d'aujourd'hui que les connexions neuronales peuvent aboutir à la guérison.

Le patient peut décrire au thérapeute ses expériences, mais cela n'est pas obligatoire pour cheminer sur la voie de la guérison. Il a également la possibilité de raccourcir voire d'arrêter une série de stimulations bilatérales alternées s'il se sent trop mal à l'aise.

---

6. Mais cette association fonctionne aussi dans l'autre sens, du psychisme vers le corps. En 2008, M. Russel décrit dans la revue *Clinical Cases Studies* (vol. 7, n° 136, p. 153) comment il a utilisé durant deux ans l'EMDR pour soulager 725 soldats ayant survécu à des amputations et présentant le syndrome de souffrance du membre fantôme. Quatre séances d'EMDR ont supprimé la douleur et diminué les signes de stress post-traumatique.

Aspects positifs de la personnalité

La thérapie EMDR favorise les aspects positifs de la personnalité plutôt que de se concentrer sur la souffrance et la pathologie. L'évocation d'un souvenir pénible sera toujours connectée à une pensée rassurante et positive sur soi-même. On n'hésitera pas à renforcer ces associations apaisantes lorsqu'elles apparaissent en cours de séance, afin que le patient puisse se les approprier non seulement « dans sa tête », mais au fond de son for intérieur.

Renforcer les ressources et porter un regard positif sur soi et sur le monde fait partie intégrante du projet thérapeutique en EMDR, exportable pour optimiser les performances des sportifs, des étudiants, et de tous ceux qui ont besoin d'utiliser au maximum leur potentiel.

Convictions spirituelles

L'ouverture aux convictions spirituelles des patients est un élément important pour se centrer sur la personne. Au même titre que toute association émergeant en cours de séance, le lien avec une dimension spirituelle de l'existence peut être renforcé et largement utilisé dans le processus de guérison, en totale indépendance vis-à-vis des croyances personnelles du thérapeute.

Il y a toutes les raisons de soutenir les connexions avec le sens que le patient donne à sa vie et aux épreuves qu'il traverse ou a traversées. Il peut par exemple sentir en lui une force qui le dépasse et le protège, une ouverture vers un pardon ou une réconciliation, une relecture féconde qui donne un nouveau sens à son existence…

Imagerie mentale

C'est dans la droite ligne d'une intégration entre le physique et le psychologique que la thérapie EMDR propose l'utilisation de l'imagerie mentale pour approcher une description de la souffrance. En effet, aussi précises que soient les tentatives de description verbale de ce que l'on ressent, rien ne remplace l'approche intuitive qui permet une plus grande intimité avec le vécu émotionnel.

Avec ses propres mots, et dans une formulation concise, le patient est aidé à repérer la manière dont il se dévalorise et dont il s'interdit ainsi par là même de trouver les ressources dont il dispose dans le présent.

La thérapie EMDR permet de découvrir avec évidence que l'on peut ressentir à propos de ses pensées tout autant que penser à propos de ses émotions. Dans la même veine, on peut ressentir dans son corps des sensations associées à des pensées ou des émotions, et inversement, on peut penser ou ressentir quelque chose à l'occasion de l'émergence d'une sensation physique.

Ce canevas tissé entre les pensées, les images, les émotions et les sensations guident vers le souvenir critique et permettent son retraitement.

Le patient a retrouvé le pouvoir de son être, sans fascination pour la toute-puissance, mais avec l'humilité de qui connaît ses limites et ses points forts ; il peut aborder l'avenir et s'y préparer en s'appuyant sur une autonomie retrouvée.

L'avenir

La thérapie EMDR s'enseigne relativement facilement à des psychothérapeutes qualifiés. Les bases du traitement peuvent être acquises en une cinquantaine d'heures, mêlant cours théoriques, entraînement et supervision.

Cette thérapie, dont les protocoles synthétisent nombre d'éléments issus de la médecine humaniste centrée sur la personne, est l'objet d'un nombre croissant d'études contrôlées visant à prouver son efficacité, dans le cadre de la médecine basée sur les preuves *(Evidence Based Medecine)*.

Les prochaines années permettront sans aucun doute l'élucidation de son mécanisme intime au niveau cérébral, et son application validée à d'autres indications que le stress post-traumatique.

On ne peut que lui prédire l'essor qu'attendent les innombrables patients susceptibles d'en bénéficier.

GLOSSAIRE

Aire de Broca

Zone du cerveau humain responsable du traitement du langage. Située dans le cortex cérébral à la partie inférieure de la 3ᵉ circonvolution frontale de l'hémisphère dominant, elle est à l'origine de la production des mots parlés, alors que la compréhension de ces mots est sous la dépendance d'une autre zone : l'aire de Wernicke. En cas de traumatisme, l'aire de Broca peut être momentanément inactivée : on n'a « plus de mots ».

Biofeedback

Technique grâce à laquelle on utilise des informations relatives à une fonction normalement inconsciente du corps pour en acquérir un contrôle conscient et volontaire.

Un *feedback* est une information en retour ou un retour d'information. Le *biofeedback* est donc un feedback biologique appliqué *au vivant*. C'est un retour d'information de l'organisme, du corps.

Cognition négative

C'est la formulation qui vient à l'esprit en réponse à la question suivante : « En repensant au souvenir cible, quels sont les mots qui vous viennent à l'esprit, qui disent quelque chose de négatif sur vous et qui continuent de résonner au fond de vous maintenant ? »

C'est une croyance, une conviction profonde qui signale que la personne est réellement enfermée dans un système de pensée étroit, rigide, fermé, où rien n'est jamais remis en cause ni ne semble pouvoir évoluer. C'est également une conviction irrationnelle mais qui peut devenir une « prédiction qui se réalise » (l'hypothèse autovalidante de Watzlawick), une réalité que l'on se crée à force de se la répéter, comme une méthode Coué à l'envers.

La cognition négative est une sorte de verbalisation de l'émotion stockée, comme un résumé de la signification du souvenir. Dans la cognition négative, la personne s'exprime à la première personne : « je suis abandonné » ; « c'est bien ma faute ».

Les quatre thèmes des cognitions négatives sont : responsabilité, sécurité, contrôle, estime de soi.

La cognition négative doit se concentrer avec précision sur la problématique de la personne. Ainsi, lors de la thérapie, la formulation « je ne vaux rien », qui est trop vague, sera exprimée par exemple sous la forme « je suis incapable de prendre ma place ».

Cognition positive

C'est la formulation positive, symétrique de la cognition négative et qui répond à la question : « En repensant à l'image du traumatisme, plutôt que de penser "…" (on cite alors la cognition négative), que désirez-vous penser de vous-même ? »

La cognition positive doit correspondre très exactement à la négative. À la cognition négative « je vais mourir » correspondent ainsi les cognitions positives suivantes : « je vais m'en sortir » ou « je ne suis pas mort et je suis en sécurité maintenant ».

Cortex associatif

C'est la partie du cortex cérébral localisée dans les lobes frontaux, les lobes temporaux et les lobes pariétaux qui intervient de manière privilégiée dans les fonctions d'ordre cognitif (relatif à la connaissance et à la pensée). Le cortex fait partie de la matière dite « grise » (elle contient le corps des neurones et apparaît grise à la coupe) qui entoure, à la manière d'une écorce, le cerveau. Elle se trouve directement sous la boîte crânienne et est creusée de sillons qui délimitent les circonvolutions cérébrales. Les différentes régions du cortex interviennent aussi bien dans le déchiffrage des signaux en provenance des récepteurs sensoriels que dans l'exécution des mouvements.

Désensibilisation

C'est la phase 4 du protocole standard en EMDR centrée sur l'émergence des émotions et sensations perturbantes ressenties par le patient en rapport avec l'événement traumatisant.

La désensibilisation, pratiquée à l'aide des stimulations bilatérales alternées (SBA), permet de retraiter le souvenir jusqu'à l'émergence d'une solution appropriée, ou d'un regard apaisé sur la situation. Si la cible a pu être atteinte, on dit que le réseau de mémoire a été réorganisé. Le SUD est à 0 à la fin de cette phase.

Dissociation

Mauvaise intégration, voire disparition d'un lien pertinent entre diverses parties de la personnalité. Ce terme désigne aussi la coupure avec la réalité interne (le vécu personnel) ou la réalité externe (prise en compte des *stimuli* extérieurs). Parfois banale et légère, la dissociation peut traduire une désorganisation psychique si elle est intense, fréquente, et qu'elle concerne autant la structure de la personnalité que son fonctionnement.

La thérapie EMDR, agissant grâce à un partage temporel du fonctionnement cérébral (aborder maintenant ce qui est arrivé autrefois et ailleurs), se doit d'être particulièrement précautionneuse en cas de dissociation, qui n'est pas toujours de diagnostic facile. Les praticiens EMDR certifiés ont reçu la formation adéquate pour pratiquer la thérapie EMDR dans un tel contexte.

ESPT *(PTSD)*

État de stress post-traumatique (en anglais : *Post-Traumatic Stress Disorder*). Trouble anxieux sévère provoquant un ensemble de perturbations psychiques, émotionnelles, comportementales et physiques qui s'installe après une expérience traumatique ayant dépassé les capacités de la personne à faire face. Un même événement pourra être vécu comme traumatique par une personne et pas par une autre. Autrement dit, il s'agit d'une réaction normale à un événement vécu comme anormal, comme une situation où l'intégrité physique et/ou psychique de la personne ou de son entourage a été menacée ou effectivement atteinte (accident grave, mort violente, viol, agression, maladie grave, attentat, guerre…).

Si, durant le mois qui suit le traumatisme, on parle de réaction aiguë au stress, on envisagera la présence d'un ESPT si cette réaction dure plus d'un mois ou si elle apparaît à distance de l'événement (de quelques semaines à quelques mois).

On porte le diagnostic d'ESPT lorsque la personne a l'impression de revivre le traumatisme, fait des cauchemars et évite de se retrouver dans des contextes qui le lui rappellent. L'ESPT semble mettre la personne dans un état de vigilance permanente, avec des troubles du sommeil. Il cause un handicap social et relationnel notable.

C'est l'indication principale de la thérapie EMDR, reconnue officiellement par la Haute Autorité de santé et l'OMS.

Exposition

Technique issue des travaux de psychologie expérimentale et utilisée en thérapie comportementale qui consiste à mettre le patient, de façon réelle ou imaginaire, dans la situation qui l'a traumatisé. Elle repose sur un mécanisme d'habituation afin d'amener le patient à expérimenter la diminution de son angoisse autrement que par l'évitement.

Cette exposition à distance sera progressive, accompagnée, dans un but de dédramatisation. L'expression émotionnelle, la possibilité de mettre des mots sur ce qu'on ressent et ce qu'on pense, l'accompagnement par le thérapeute, sont autant d'éléments qui permettent de prendre la distance nécessaire vis-à-vis de l'événement traumatisant pour s'apaiser et tourner la page.

Dans la thérapie EMDR, il existe une part d'exposition lorsqu'on demande à la personne de se repasser le film de l'événement. La différence avec les thérapies comportementales est la rapidité du retraitement des perturbations, grâce au traitement adaptatif de l'information (TAI), ainsi que la consigne au patient de rester distancié, observateur de ses propres réactions.

Fenêtre de tolérance

Limites à l'intérieur desquelles les perturbations émotionnelles peuvent être acceptées et contrôlées. Les thérapeutes EMDR vérifient que les patients restent en tout état de cause dans leur fenêtre de tolérance afin d'éviter que les éventuelles perturbations rencontrées au cours du processus thérapeutique ne deviennent dangereuses ou ne viennent contrarier le déroulement de la thérapie.

Installation

C'est la phase 5 du protocole standard en EMDR, qui a pour objectif d'augmenter les connexions aux réseaux positifs de la pensée. Elle permet de généraliser les effets de la cognition positive à l'ensemble des souvenirs associés. Il s'agira durant cette phase de lier la situation initiale à la cognition positive tout en pratiquant des SBA. La VoC est à 7 à la fin de cette phase.

Lieu sûr

Technique de visualisation positive visant à apporter à la personne un état de calme et de relaxation ; elle pourra le faire advenir en se concentrant sur un lieu réel ou imaginaire dans lequel elle se sent en sécurité et apaisée. Invité à explorer, dans son imagination, toutes les stimulations sensorielles en rapport avec ce lieu sûr (sons, odeurs, images, contact…), le patient pourra même y rattacher un mot symbolique (arbre, clairière, plage, douceur, cocon…). L'évocation mentale de ce mot ou de cette image déclenchera, une fois installée, l'état d'apaisement recherché.

Cette technique du lieu sûr peut être utilisée en cours de séance d'EMDR si une perturbation émotionnelle trop importante devait se produire. L'installation du lieu sûr est donc une précaution nécessaire avant tout traitement en EMDR.

Méta-analyse

Étude bibliographique qui recense un ensemble d'articles scientifiques concernant un sujet particulier ; il s'agit donc d'une approche très complète qui valide un niveau plus élevé de preuve qu'un seul article.

Papillon

Technique d'autostimulation bilatérale alternée par tapotage (voir aussi SBA).

Le patient pose sa main droite sur son épaule gauche et sa main gauche sur son épaule droite. Il tapote alors ses épaules à un rythme soutenu, alternativement et non pas simultanément, en séquences de vingt à trente secondes. Il se borne durant ce moment à être observateur de ce qui se passe en lui-même. En général, cela permet un notable apaisement émotionnel.

Placebo

Substance sans efficacité pharmacologique mais possédant une certaine efficacité d'origine psychologique en rapport avec le fait que la personne est persuadée qu'elle reçoit un traitement actif.

Par extension, l'effet placebo peut s'appliquer non seulement à des médicaments, mais à toute technique thérapeutique.

Plan de ciblage

Démarche aboutissant à déterminer l'ordre dans lequel seront retraitées les cibles traumatiques. On se basera sur l'intensité des symptômes, les pensées, les émotions, les sensations physiques et les cognitions négatives. Le thérapeute pourra choisir de retraiter les cibles par ordre chronologique ou inversement chronologique, ou en commençant par la plus traumatisante, ou la plus ancienne (souvenir source)...

Un plan thérapeutique complet ciblera bien sûr les expériences du passé, mais également les déclencheurs actuels, sans oublier d'installer les scénarios du futur (comment faire face à l'avenir dans une situation similaire).

REM

Abréviation de *Rapid Eyes Movement*. Désigne les mouvements rapides des yeux qui oscillent à droite et à gauche derrière les paupières fermées du dormeur au cours de la phase de sommeil dit « paradoxal ». C'est durant cette phase du sommeil que les rêves ont lieu, alors que les tracés de l'électroencéphalogramme sont proches de l'aspect qu'ils ont durant l'éveil. Il n'y a aucune certitude scientifique sur les conséquences de ces mouvements, mais il est probable qu'ils accompagnent un retraitement spontané des événements de la journée. Les stimulations visuelles bilatérales alternées de l'EMDR reprennent de façon consciente, et en état d'éveil, ces mouvements oculaires spontanés survenant durant le sommeil.

Retraitement

C'est le R de EMDR. Ce phénomène se base sur un fonctionnement neurologique qui remet en lien les différentes parties du cerveau (reptilien, limbique, cortex…) afin d'appréhender la réalité de façon plus adaptée. Ainsi, non seulement la blessure psychique pourra cicatriser (désensibilisation), mais un autre regard sera porté sur l'événement. Cette nouvelle façon d'intégrer le souvenir favorise une réorganisation psychique qui permet d'apprendre de l'événement et d'enrichir son expérience.

SBA

Abréviation de « stimulation bilatérale alternée », principale technique utilisée en EMDR pour le retraitement des souvenirs traumatiques et l'installation de ressources.

Historiquement, ces SBA étaient surtout visuelles, grâce aux mouvements latéraux des yeux du patient qui suivaient les doigts du thérapeute ou bien l'extrémité d'une baguette. Ces mouvements alternatifs des yeux reproduisent ceux qui ont lieu durant les phases de sommeil paradoxal (REM) et provoquent un réflexe d'orientation.

Puis, on a découvert que les SBA pouvaient avoir une efficacité analogue grâce à des stimulations auditives (un son bref dans une oreille puis dans l'autre) et tactiles. Dans ce dernier cas, qu'on désigne par *tapping*, le thérapeute peut tapoter doucement les genoux du patient en alternant droite et gauche. Le patient peut également pratiquer sur lui-même le tapping, en tapotant alternativement ses cuisses avec la main à plat, ou ses épaules (main droite sur épaule gauche et inversement : c'est la technique dite du papillon, déjà évoquée).

On peut même imaginer que la marche ou la course à pied provoquent, par le contact alternatif sur le sol, d'authentiques SBA.

Scanner du corps

Expérience de visualisation mentale destinée à compléter le retraitement des conséquences traumatiques ou douloureuses en rapport avec la situation visée par la séance.

On demande à la personne de se concentrer sur le traumatisme cible et de se répéter mentalement les mots de la cognition positive. Puis, elle est priée de « passer en revue mentalement son corps entier, en descendant doucement de la racine des cheveux jusqu'à ses orteils. Repérer si des sensations douloureuses ou désagréables apparaissent dans le corps ».

C'est seulement une fois que le scanner du corps ne provoque plus de sensations négatives que l'on peut considérer le retraitement comme complet.

SUD

Acronyme de *Subjectiv Units of Distress* (ou *Disturbance*), soit « unités subjectives de souffrance ». Il s'agit d'une échelle utilisée pour mesurer le niveau de perturbation associée au souvenir. Dans cette échelle, 0 signifie pas de perturbation et une neutralité émotionnelle, et 10 indique la perturbation la plus forte que la personne puisse imaginer. Le principe est d'interroger le patient sur son impression subjective, sans s'interroger si le chiffre qu'il indique est « objectivement vrai » : seul son ressenti compte ici. Dans le protocole standard EMDR, le SUD est à 0 à la fin de la désensibilisation.

Système limbique

Désigne un ensemble de structures situées à la base du cerveau et jouant un rôle décisif dans le comportement, mais aussi la mémoire et les émotions : peur, colère et agressivité, plaisir…

L'hippocampe est concerné par la formation de la mémoire à long terme.

L'amygdale cérébrale (à ne pas confondre avec les amygdales du fond de la gorge) est impliquée dans l'agressivité et la peur.

Le fornix, la circonvolution cingulaire et l'hypothalamus participent également à la gestion des émotions et des comportements.

TAI

Le système du traitement adaptatif de l'information est une aptitude du cerveau humain, qui se comporte comme les autres systèmes du corps : système émotionnel, immunitaire, reproducteur, locomoteur…

Il est orienté vers la guérison et fait évoluer la perception de la perturbation vers une résolution des symptômes en permettant la création de souvenirs et de réseaux de mémoires adaptés.

Lorsque le TAI est submergé, la perturbation (vue, entendue, ressentie…) empêche la bonne intégration de l'information, qui est alors enregistrée telle qu'elle fut perçue, c'est-à-dire de façon dysfonctionnelle. Le retraitement de la cause de la perturbation entraîne non seulement l'extinction des symptômes, mais une reconsolidation des réseaux de mémoire, et améliore donc l'attitude globale face à des problèmes analogues.

Traumatisme

Blessure physique ou psychique ayant dépassé la capacité de la personne à

• intégrer l'événement ;
• lui donner du sens ;
• apprendre la leçon à en tirer.

Les conséquences des traumatismes semblent figées dans le temps et continuent de faire souffrir physiquement et/ou psychologiquement.

L'EMDR suppose que les traces des traumatismes s'inscrivent dans des réseaux de mémoire dysfonctionnelle et qu'elles peuvent être retraitées grâce aux ressources du présent.

VoC

Validity of Cognition, soit « validité de la cognition ». Échelle subjective explorant la validité pour la personne de la cognition positive. On explore la VoC par la question suivante :

« J'aimerais que vous pensiez à la situation qui vous a traumatisé... Dans quelle mesure ressentez-vous maintenant comme vrais ces mots... (On répète alors la cognition positive, par exemple "je suis quelqu'un de bien", "je mérite de vivre", "je suis innocent", "je suis en sécurité".) Sur une échelle de 1 à 7 où 1 veut dire que vous ressentez la phrase comme tout à fait fausse et 7 tout à fait vraie, quelle valeur lui attribuez-vous ? »

À la fin de la phase d'installation (phase 5 du protocole standard en EMDR), la VoC est à 7.

INDEX DES NOMS PROPRES

INDEX DES NOTIONS

ACTIONS INTERNATIONALES

HAP (Humanitarian Assistance Programs)

HAP est une organisation non gouvernementale à but non lucratif qui fonctionne sous la forme d'un réseau international de praticiens se déplaçant là où se manifeste le besoin de faire cesser une souffrance émotionnelle et de prévenir les effets psychologiques de la violence ou de traumatismes.

En 2011, cette organisation a reçu de la Société internationale pour l'étude du stress traumatique (International Society for Traumatic Stress Studies) le prix Sarah-Haley d'excellence clinique (Sarah Haley Memorial Award for Clinical Excellence).

Le but de HAP est d'aider à briser le cycle de souffrance qui abîme les vies et dévaste les familles.

Formation

Le modèle HAP insiste sur la formation et le soutien professionnel aux cliniciens locaux pour les aider à favoriser le processus de santé. Ce modèle centré sur la formation a plusieurs avantages : en enseignant l'EMDR aux thérapeutes locaux, on leur donne un outil puissant et efficace pour traiter les conséquences émotionnelles des traumatismes. Les professionnels qui font eux-mêmes partie de la communauté atteinte par la blessure collective ne sont ainsi plus remplacés par d'autres, venus de l'extérieur. Au contraire, ils constituent une ressource importante, et ce qu'ils pensent est pertinent.

Dans la mesure où les réactions à un traumatisme surviennent parfois après un certain temps, et où les personnes cherchent à s'en sortir par elles-mêmes avant d'avoir recours à une intervention professionnelle, la formation de thérapeutes locaux permet de s'assurer que ces personnes pourront les rencontrer au moment où elles en auront besoin. Un traitement psychologique efficace s'étend souvent largement au-delà des paramètres d'un traumatisme unique.

HAP propose une formation à l'EMDR aux prix les plus bas possibles, à des thérapeutes travaillant dans les services publics ou les associations à but non lucratif.

Réseau

En plus de la formation, HAP crée un réseau centré sur la récupération après un traumatisme (Trauma Recovery Network) qui met en lien les thérapeutes de victimes et de sauveteurs ayant eu à subir des catastrophes collectives : attaques du 11 septembre 2001 à New York, tsunami et éruptions volcaniques en Asie, tremblement de terre en Haïti, en Turquie ou en Chine, ouragan Katrina en Louisiane, inondations en Amérique latine...

Depuis 1995 et l'attentat d'Oklahoma City, un réseau croissant de volontaires EMDR-HAP ont répondu à des appels venant du monde entier. Il a été également possible d'aider des communautés traumatisées par la guerre et la terreur en Palestine et en Israël, en Croatie, en Bosnie, en Irlande du Nord, au Kenya, ou affaiblies par les épidémies comme en Éthiopie.

De plus, HAP a pu œuvrer pour combler le vide en termes de santé mentale, aussi bien en ville qu'en milieu rural ou suburbain, dans des régions comme les réserves américaines mais aussi en Hongrie, Pologne, Chine, Afrique du Sud, Ukraine, Mexique, Nicaragua, Salvador...

Volontaires

En moyenne, les volontaires EMDR-HAP acceptent de consacrer au moins une semaine par an de leur temps à délivrer thérapie ou formation à ceux qui souffrent sans pouvoir payer le prix d'un traitement.

Les ressources de HAP proviennent d'activités dédiées, du sponsoring de certains établissements nationaux ou internationaux, et essentiellement de la contribution de personnes individuelles. Il faut donc trouver les fonds nécessaires pour acheminer les praticiens là où l'on a le plus besoin d'eux.

Pour en apprendre plus sur HAP et sur ce que cette association a accompli jusqu'à présent : www.emdrhap.org

Les dons (déductibles des impôts) peuvent être envoyés à

EMDR-HAP
2911 Dixwell Avenue S 201
Hamden, CT 06518
États-Unis
Téléphone : (203) 288-4450
Fax : (203) 288- 4060

Sites Internet

Vous trouverez sur ces sites la liste, régulièrement mise à jour, des praticiens accrédités par l'association professionnelle EMDR de votre pays.

Pour la France : www.emdr-france.org

Pour la Belgique : www.emdr-belgium.be

Pour la Suisse : www.emdr-suisse.ch

Pour le Canada : www.emdrcanada.org/fr/accueil.aspx

Et pour l'Europe : www.emdr-europe.org

BIBLIOGRAPHIE

Validation scientifique

« Guidelines for the Psychiatric Treatment of Acute Stress Disorder and Post-traumatic Stress Disorder », Washington, American Psychiatric Association, 2004.

Barrowcliff, A. L., Gray, N. S., Macculloch, S., Freeman, T. C., Macculloch, M. J., « Horizontal rhythmical eye movements consistently diminish the arousal provoked by auditory stimuli » in *British Journal of Clinical Psychology*, vol. 42, n° 3, p. 289-302, 2003.

Barrowcliff, A. L., Gray, N. S., Macculloch, S., Freeman, T. C., Macculloch, M. J., « Eye-movements reduce the vividness, emotional valence and electrodermal arousal associated with negative autobiographical memories » in *Journal of Forensic Psychiatry and Psychology*, vol. 15, n° 2, p. 325-345, 2004.

Bradley, R., Greene, J., Russ, E., Dutra, L., Westen, D., « A multidimensional meta-analysis of psychotherapy for PTSD » in *American Journal of Psychiatry*, vol. 162, p. 214-227, 2005.

Davidson, P. R., Parker, K. C. H., « Eye movement desensitization and reprocessing (EMDR) : A meta-analysis » in *Journal of Consulting and Clinical Psychology*, vol. 69, p. 305-316, 2001.

« Psychothérapie : trois approches évaluées », Institut national de la santé et de la recherche médicale (INSERM), Paris, 2004.

Maxfield, L, Hyer, L. A., « The relationship between efficacy and methodology in studies investigating EMDR treatment of PTSD » in *Journal of Clinical Psychology*, vol. 58, p. 23-41, 2002.

« Post-traumatic Stress Disorder (PTSD): The Management of PTSD in Adults and Children in Primary and Secondary Care », National Institute for Health and Clinical Excellence, Royaume-Uni, 2005.

Sack, M., Lempa, W., Lamprecht, F., « Study quality and effect-sizes – a meta-analysis of EMDR-treatment for post-traumatic stress disorder » in *Psychotherapie, Psychosomatik, medizinische Psychologie*, vol. 51, n° 9-10, p. 350-355, Stuttgart, Thieme Verlag, 2001.

Stickgold, R, « EMDR: A putative neurobiological mechanism » in *Journal of Clinical Psychology*, vol. 58, p. 61-75, 2002.

Van Etten M. L., Taylors S., « Comparative Efficacy of Treatments for Post-Traumatic Stress Disorder: A Meta-Analysis » in *Clinical Psychology & Psychotherapy*, vol. 5, p. 126-144, 1998.

Ouvrages plus généraux

Badey-Rodriguez C., *J'ai décidé de bien vieillir*, Paris, Albin Michel, 2009.

Cottraux J. (dir.), *TCC et neurosciences*, Paris, Elsevier Masson, 2009.

Fortes S., *En attendant Robert Capa*, Paris, Héloïse d'Ormesson, 2011.

Goulding B. L., Goulding M., *The Power Is in The Patient*, Trans Pub, 1978.

Hoffmann A., *EMDR in der Therapie psychotraumatischer Belastungssyndrome*, Stuttgart, Thieme Verlag, 2004.

Louboff F., *J'aimerais tant tourner la page – Guérir des abus sexuels subis dans l'enfance*, Paris, Les Arènes, 2008.

Marx C., *Mais où est passée ma libido ?*, Paris, Eyrolles, 2005.

Meignant I., *L'EMDR de Bouba le chien*, Mons, éditions Meignant, 2008.

O' Brien T., *À propos de courage*, Paris, Gallmeister, 2011.

Piffaut A.-M., *L'Acouphène dans tous ses états*, Paris, L'Harmattan, 2010.

Roques J., *EMDR une révolution thérapeutique*, Paris, Desclée de Brouwer, coll. « La Méridienne », 2004.

Servan-Schreiber D., *Guérir*, Paris, Robert Laffont, 2003.

Shapiro F., *Getting Past Your Past: Take Control of Your Life With Self-Help Techniques from EMDR Therapy*, Rodale Incorporated, 2013.

Shapiro F., *Manuel d'EMDR, Principes, protocoles, procédures*, Paris, InterÉditions, 2006.

Shapiro F., Silk Forrest M., *Des yeux pour guérir, EMDR : la thérapie pour surmonter l'angoisse, le stress et les traumatismes*, Paris, Seuil, coll. « Couleur psy », 2005.

Tarquinio C., Berghmans C., *Comprendre et pratiquer les nouvelles psychothérapies*, Paris, InterÉditions, 2009.

Van der Hart O., *Le Soi hanté*, De Boeck, Paris, 2010.

Von Loey C., *Du microtraumatisme à la guérison*, Paris, Toulouse, Dangles, 2009.

Imprimé en France. - JOUVE, 1, rue du Docteur Sauvé, 53100 MAYENNE
N° 2130226W. - Dépôt légal : novembre 2013